WTO HUOWU MAOYI KUANGJIA XIA
SIREN BIAOZHUN YANJIU

WTO货物贸易框架下私人标准研究

伍穗龙　著

WUHAN UNIVERSITY PRESS
武汉大学出版社

图书在版编目(CIP)数据

WTO货物贸易框架下私人标准研究/伍穗龙著.—武汉：武汉大学出版社,2019.12
ISBN 978-7-307-20111-8

Ⅰ.W… Ⅱ.伍… Ⅲ.国际贸易—贸易法—研究 Ⅳ.D996.1

中国版本图书馆CIP数据核字(2018)第063352号

责任编辑:唐 伟　　责任校对:李孟潇　　整体设计:马 佳

出版发行：**武汉大学出版社**　(430072 武昌 珞珈山)
(电子邮箱：cbs22@whu.edu.cn 网址：www.wdp.com.cn)
印刷:北京虎彩文化传播有限公司
开本:720×1000 1/16　印张:12.75　字数:182千字　插页:1
版次:2019年12月第1版　2019年12月第1次印刷
ISBN 978-7-307-20111-8　定价:40.00元

前　言

2012年《世界贸易报告》认为，国际贸易所发生的实质性变化及私人标准的发展及使用可能会进一步促进国际贸易领域的组织性一体化。政府就私人标准这一问题所承担的责任以及WTO在此问题上的角色并不明晰。WTO解决私人标准所产生的贸易影响是当下多边贸易体制所要面临的重要问题之一。私人标准这一问题贯穿于WTO的日常工作，在内容上又极其多元化，涵盖绿色保护主义、食品安全以及人权劳工社会责任等。随着私人标准泛滥，在WTO内部，发展中国家日益对此问题的扩散表现出担忧，强调其造成实质性的贸易壁垒，限制发展中国家产品的市场准入，而发达国家在此方面则认为其完全是一个私人行为，WTO不应该也不适合干涉。因此，面对私人标准泛滥的问题，其成因以及理论基础为何，其对以WTO为核心的多边贸易体制产生何种影响？WTO货物贸易协定能在此发挥何种作用，又应该如何解决？本书就这些问题作出研究。

除绪论和结论外，本文主体部分共分四章。

第二章作为本书起点，就私人标准本体及其与国际贸易之间关系展开论述。界定了私人标准的内涵与外延，并通过私人标准运行论对私人标准运行的目的、模式与遵守及合法性问题作出分析。分析私人标准对国际贸易所造成的正反两方面效应。在积极方面，私人标准所具有的某些特质与效果使其可以作为国际贸易的助推器。而在负面效应上，私人标准则可能成为国际贸易壁垒，妨碍自由贸易的发展。同时强调，私人标准的正反两方面效应并非绝对，应该辩证看待。

第三章是对当下WTO货物贸易框架下相关协定对私人标准规

制可能性的分析。作为一个大前提，笔者首先批判了在《GATT1994》下把私人标准行为归结为国家行为论证的悖论。随后在《SPS协定》以及《TBT协定》框架下探讨私人标准被规制的可能。最终得出结论，在《SPS协定》及《TBT协定》下，由于两个协定的措辞都对私人标准能否规制模糊不清，因此笔者认为不适宜认定两个协定能对私人标准行为进行规制。

第四章就私人标准对WTO法律体系的影响展开论述。首先通过探讨WTO法中的法律渊源，指出私人标准这一本质属于国际软法的规范不能成为WTO的法律渊源。进而通过法律条文及司法实践对WTO法律体系中关于国际标准的认定，认为如国际标准化组织等私人标准制定机构所制定标准也有可能在WTO法律体系内具备准"法律性"。最后认为私人标准已对WTO合法性产生冲击。

第五章主要分为三部分，首先对现有的在WTO货物贸易框架下相关协定委员会或其他关于对私人标准解决的方案进行了评价与分析。进而认为WTO货物贸易框架下解决私人标准问题并非最佳选择。其次针对在国内层面上通过竞争法调整私人标准的方案进行分析和评价，认为其也不能起完全解决私人标准问题的作用，但是不失为一种渠道。最后提出通过公私伙伴关系理论结合全球行政法治理原则，在WTO、各私人标准制定者、WTO成员国以及各私人标准可能受影响的潜在利益方之间构筑一个咨询委员会性质的伙伴合作机构，以期更好地解决私人标准问题。

结论部分对全书进行总结论述，侧重指出当下WTO货物贸易框架内法律机制对私人标准的调整障碍，强调建立公私伙伴关系，通过多主体的融合解决私人标准问题。

目　录

第1章 绪　　论

1.1 研究背景与意义

过去20年，国际贸易的迅速增长，在很大程度上得益于以世界贸易组织为核心的多边贸易体制的成功与努力。与此同时，国际贸易的迅速增长，也反映了商业领域的蓬勃振兴。作为两者合力的结果，就跨国经济及商业因素行为进行规制在全球治理的背景下显得十分重要。私人标准在数量及质量上的发展正是在此背景下对上述命题提出的新挑战。

2012年《世界贸易报告》认为，国际贸易所发生的实质性变化及私人标准的发展及使用可能会进一步促进国际贸易领域的组织性一体化。① 政府就私人标准这一问题所承担的责任以及WTO在此问题上的角色并不明晰。WTO解决私人标准所产生的贸易影响是当下多边贸易体制所要面临的重要问题之一。私人标准这一问题贯穿于WTO的日常工作，在内容上又极其多元化，涵盖绿色保护主义、食品安全及社会责任等。随着私人标准泛滥，在WTO内部，发展中国家日益对此问题的扩散表现出担忧，强调其造成实质

---

① WTO Secretiat, World Trade Report, 2012. p. 8. available at http: // www. wto. org/english/res _ e/publications _ e/wtr12 _ e. htm, last visited on 21 September, 2013.

性的贸易壁垒，限制发展中国家产品的市场准入，① 而发达国家在此方面则认为其完全是一个以市场调节为主导的私人行为，WTO 不应该也不适合干涉。②

---

① 在 SPS 委员会的定期会议中，世界贸易组织成员对于私人标准所造成的一系列问题都提出了他们的关注和问题。例如私人标准并非总是基于科学技术，它们与政府标准或者是国际标准并非统一。这些标准数量众多，受众群体众多，缺乏统一与共同认可；需要高成本以进行认证和确定；缺乏透明度，对于该标准制定的质疑与协商程序不透明；仅关注何种标准应该被使用而并非使用该标准的后果为何。对于小型或者中性企业，对于发展中或者不发达国家的出口商而言，它们施加了不合理的负担。具体详细内容，请参见 WTO, Committee on Sanitary and Phytosanitary Measures. Private Standards and the SPS Agreement. Note by the Secretariat. , G/SPS/GEN/746, 24 January 2007. WTO, Committee on Sanitary and Phytosanitary Measures, Private Standards, Statement by Uruguay at the Meeting of 2-3 April 2008, G/SPS/GEN/843, 21 May 2008; WTO, Committee on Santinary and Phytosanitary Measures, Terms of Reference for the Working Group on Private Standards, G/SPS/W/225, 18 June 2008.

② 其实，WTO 中的 SPS 委员会是 WTO 各委员会中最早对私人标准进行讨论与发展的委员会。由于全球化以来，对于食品安全，动植物检验检疫等方面的要求均在不断提高，因此在此方面，SPS 委员会的工作一直走在前头。例如他们关心他国所采取的 SPS 措施是否比所需要的保护设立更为严格的标准，换言之，这样的保护措施是否必要，内涵是否妥当，外延是否过高。在 2005 年，圣文森特和格林纳丁斯针对欧盟所采取的 GLOBALG. A. P. 体系中对于香蕉进口所采取的严格标准提出了质疑，同时要求欧盟就“欧洲食品连锁安全体系”中所设立的标准与欧盟的官方标准之间的相互关系作出澄清。与此同时，其他发展中成员国也注意到这一问题，纷纷指出此标准潜在影响发展中国家向欧盟香蕉出口的利益。欧盟在回复中认为“欧洲食品连锁安全体系”所设立的标准并非欧盟官方标准，即使该标准超越了欧盟官方标准的规定，毕竟这些标准也并非欧盟力所能及的范围。自此以后，2005 年 7 月以来，私人标准问题就成为每次 SPS 委员会定期会议所讨论的固定内容。出于成员国的要求，SPS 委员会秘书处为此举办了两次非正式的信息通气会：第一次在 2006 年 10 月，得到来自“欧洲食品连锁安全体系”以及联合国贸易与发展会议代表的参与。第二次在由联合国贸发会议与世界贸易组织于 2007 年 10 月联合举办。借此机会，很多私人标准制定者以及私人标准组织向 SPS 委员会以及世贸成员国提供了有关私人标准的有关信息。无独有偶，（转下页）

因此，面对私人标准泛滥的问题，其成因以及理论基础为何，WTO 货物贸易协定能在此发挥何种作用，又应该如何解决？私人标准对以 WTO 为核心的多边贸易体制造成何种影响？对这些问题的研究与解决构成了本书的主要内容，上述问题的解决对 WTO 成员方在将来正确看待私人标准问题至关重要。

1.2 研究对象的理论源泉

私人标准是在跨国私人治理的背景下兴起的一种崭新软法治理模式，对跨国私人治理理论的考察也构成本书的逻辑理论起点。早在 1971 年，在基欧汉与约瑟夫·奈发表的文章中已找到跨国治理的原型。①虽然所使用措辞与当下所熟知的跨国私人治理体系不

（接上页）有的参会人员也对私人标准在不同行业以及方面所造成的正面、负面影响从案例分析的角度作出分析。这些都表明私人标准在国际贸易中不只是一个新兴甚至零碎的问题，而是一个各个成员国都关心的问题。同时不同的案例分析也反映了不同成员国在解决私人标准所产生问题时不同的策略与关注侧重点。例如，相当国家都已经制定有本国的“食品连锁安全体系”标准，这些标准在不同的阶段由不同的政策层级实施。世贸成员已经同时认识到私人标准问题的教育性与问题性。参见 WTO，Committee on Sanitary and Phytosanitary Measures. Private Standards and the SPS Agreement，Note by the Secretariat. G/SPS/GEN/746，24 January 2007. WTO，Committee on Sanitary and Phytosanitary Measures，Private Standards. Statement by Uruguay at the Meeting of 2-3 April 2008，G/SPS/GEN/843，21 May 2008；WTO，Committee on Santinary and Phytosanitary Measures，Terms of Reference for the Working Group on Private Standards，G/SPS/W/225，18 June 2008.

① 参见 Keohane，R. and Nye，J. Introduction，in R. Keohane and J. Nye (eds)，Transnational Relations and World Politics. Cambridge，MA：Harvard University Press，2005，p. 19，当然在全球化盛行的近二十年来，对于该定义的描述也可参见较为经典的由托马斯·瑞斯所作的描述。参见 Risse，T. Transnational Actors and World Politics. in W. Carlsnaes，B. Simmons，and T. Risse (eds)，Handbook of International Relations，London：Sage，2012，p. 12.

同，但其根本定义已意指其与跨国私人规制具有同样的内涵。意指超越传统国家之间的以私人实体体系性参与为特点的治理安排。① 他们强调此种治理模式与传统的私人在跨国治理中所扮演的角色不同。在传统观点看来，私人实体、公司或者非政府组织更多地在扮演一种“说客”（lobby）角色，旨在对国家政策甚至国际组织的策划走向形成潜在的影响。② 而当下的此种措辞，则表明私人实体在扮演传统角色的情况下，已经更多地在跨国私人自治体系中扮演决策、规则制定、实施或者是提供公共服务的角色。甚至有时其提供公共物品的能力远比国家乃至国际组织要强。③

伴随全球治理的兴盛与发展，20世纪末当全球治理盛行时，学者们已经意识到在全球私人领域内所产生的新治理模式，并将之定义为“国际私人治理”。④ 所不同的是在该语境下的国际私人治理主要是指私人主体在国际商事领域的自治。⑤ 随后，法律、政治

① 参见 Keohane, R. and Nye, J. Introduction, in R. Keohane and J. Nye (eds), Transnational Relations and World Politics, Cambridge, MA: Harvard University Press, 1973, p. 20.

② 参见 Jaffe, Law Making by Private Groups, Harvard Law Review, 1937, 201, p. 213.

③ 参见 Keohane, R. and Nye, J. Introduction, in R. Keohane and J. Nye (eds), Transnational Relations and World Politics, Cambridge, MA: Harvard University Press, 1973, p. 19.

④ 参见 Fabrizio Cafaggi, New Foundations of Transnational Private Regulation, EUI Working Paper RSCAS 2010/53, p. 3.

⑤ 参见 Fabrizio Cafaggi, New Foundations of Transnational Private Regulation, EUI Working Paper RSCAS 2010/53, p. 1 Cutler, Private power and global authority: Transnational merchant law in the global political economy, Cambridge University Press, 2003; Sassen, Territory, authority, and rights from medieval to assemblages (2006); Callies and Zumbansen, Rough Consensus and Running code (2010) . The question had been already debated in the thirties in the US with the pioneering work by Jaffe. See Jaffe, Law Making by Private Groups, Harvard Law Review, 1937, 201, p. 213.

或经济学学者在不同场合把私人治理称为“跨国治理体系”、①“非国家市场驱动”治理体系②以及“民间治理体系”。③ 以上称谓的不同仅在于对“私人”一词的不同解读。而对“私人”一词的不同解读也造就在不同语境下遵守执行机制的一定区别。④

位于欧洲大学学院的 EUI 在私人治理研究方面一直处于领先地位。在卡法基（Cafaggi）教授看来，私人治理在全球治理背景下被称为跨国私人规制体系（TPR）更为贴切。⑤ 但是全球性的私人规制体系，在某些学者，例如考斯特（Culster）看来，则可被视为国际私人治理（International Private Governance Regime）。⑥

跨国私人规制体系，是应全球化的需要而发展起来的理论体系。其包含一系列主要由私人实体（例如公司、企业以及非政府组织）、独立的专家网络（例如技术标准设定者以及广泛的社会组织）所创设的涉及生活方方面面的规则、实践以及过程。上述组织或通过独立行使规制权力，或通过实施国际法或国内立法授予的权力实现其目的或宗旨。⑦ 其与传统的国家治理及私人治理体系不同。前者着重于国际层面上国家通过传统方式对国际问题进行治

① 参见 Errol Meidinger, Beyond Westphalia: Competitive Legalization in Emerging Transnational Regulatory, in Christian Brutsch and Dirk Lehmkuhl, eds, Law and Legalization in Transnational Relations, Oxford and New York: Routledge, 2007, pp. 121-143.

② 参见 Benjamin Cashore, Legitimacy and the Privatization of Environmental Governance: How Non-State Market-Driven (NSMD) Governance Systems Gain Rule-Making Authority, Governance, 2004, 15 (4), p. 502.

③ 参见 David Vogel, Private Global Business Regulation, 11 Annual Review of Political Science, 2008, p. 261.

④ 这一问题将会在第一章讨论私人标准中“私人”措辞时予以讨论。

⑤ 参见 Fabrizio Cafaggi, New Foundations of Transnational Private Regulation, EUI Working Paper RSCAS 2010/53, p. 1.

⑥ 参见 Cutler, Private power and global authority: Transnational Merchant law in the Global Political Economy, Cambridge University Press, 2003, p. 15.

⑦ 参见 Fabrizio Cafaggi, New Foundations of Transnational Private Regulation, EUI Working Paper RSCAS 2010/53, p. 1.

理，而后者则侧重于私人公司。① 其以私人实体为中心内容，侧重反映其自身内自治或与政府间国际组织或非政府间国际组织的互动与影响。但如布雷斯维特（Braithwaite）所言，“这并非意味着国家在跨国私人自治中不扮演任何角色或受其影响。相反，该体系只是将国家从‘规则制定者’转化为‘规则参与者’”。②

另外，跨国私人规制与传统的国际规制或国际治理不同，首要区别在于其并非以国家立法为基础。③ 诚然，国际立法是一种国家间通过意志协调为基础而达成的国际条约或协定。国际上并不存在超国家立法。因而，跨国私人规制是一种本质上以私人主体为中心的规制体系，同时其又与政府间国际组织以及国际非政府组织之间保持着广为互动的关系，互相影响、合作、协调。传统的国际治理模式是以主权国家为基本要素的。主权国家间通过条约以及协定的传统方式为国际治理提供了法律的基础。虽然不能认为国际上存在一个统一的立法机关，然而国家间的合意、意志协调、国际协议则成为国际层面上法律创造的源泉。对比传统模式，跨国私人规制体系则不同，其主要建基于私人实体或私人实体之间的权能。虽然在某些情况下私人规制主体与其他国际组织以及国家间政府组织间存有互动关系，然而这并不阻碍其主要围绕私人实体展开这一初衷。

跨国私人治理体系总体上是以自愿为本质的，在跨国私人自治体系下，其所适用的法律与传统的国际层面上国家治理所适用的法

---

① 笔者认同此种观点，在此，也正如WTO在2005年的《世界贸易报告》中指出的，私人一词的含义可以有两个层面，一种仅仅是指传统意义上的个体以及私人公司企业，另一种层面的私人的措辞外延应该包括非政府组织等并非以利润为终极目的的非国家行为体。在该规制体系中，私人实体自主独立行使规制权力或者在得到国际法或国内立法的授权下，代表国家行使被授予的权力。参见 Fabrizio Cafaggi, New Foundations of Transnational Private Regulation, EUI Working Paper RSCAS 2010/53, p. 1.

② 关于“规则制定者”与“规则参与者”角色的转换，参见 John Braithwaite, Regulatory Capitalism: How it Works, Ideas for Making it Work Better, Edward Elgar Publishing, 2009.

③ 参见 Fabrizio Cafaggi, New Foundations of Transnational Private Regulation, EUI Working Paper RSCAS 2010/53, p. 1.

律也有很大区别。① 传统以国家、国家间国际组织为基础的平行型国际社会以国际法为其相互关系的调整手段，根据《国际法院规约》第三十八条的规定，法律渊源为条约、国际习惯以及两个辅助渊源，经文明各国公认的原则以及国际公法学家的学说。② 而就跨国私人自治体系而言，其至今为止还缺乏一个共同以及明确的法律体系，由于跨国私人自治体系以不同的行业以及标准划分"势力范围"，因而不同领域、不同部分的自治模式与法律依据也不尽相同，这些模式可能以合同为模本，也可能以公司法为模本，更可能以标准为模本。另外，在法律渊源的解释上，跨国私人自治体系与传统的国家治理模式也不同。国际层面上对于国际法渊源通用的解释规则是《维也纳条约法公约》第三十一及三十二条，除非国家间另有协定。而对于跨国私人自治体系而言，其解释规则主要是依据成立该体系的文件和文本，当中主要包括合同、协议以及公司法的规定等。③ 跨国私人自治体系都需要注册，因而注册地国的法律也就成为规制该私人自治实体的方式。④

很多学者都会把跨国私人治理萌发的原因，即使不是完全取决于，至少也是与传统的国家在国际社会治理所出现的短处相提并论。⑤ 早在21世纪初时，考斯特（Culster）教授就已预见跨国私人治理与全球化之间唇齿相依的关系。⑥ 其更是指出了跨国私人治

---

① 参见 Fabrizio Cafaggi, New Foundations of Transnational Private Regulation, EUI Working Paper RSCAS 2010/53, p. 1.

② 参见《国际法院规约》第三十八条, available at http://www.icj-cij.org/documents/index.php?p1=4&p2=2&p3=0#CHAPTER_II, last visited on 22 September 2013.

③ 参见 Fabrizio Cafaggi, New Foundations of Transnational Private Regulation, EUI Working Paper RSCAS 2010/53, p. 1.

④ 参见 Fabrizio Cafaggi, New Foundations of Transnational Private Regulation, EUI Working Paper RSCAS 2010/53, p. 2.

⑤ 参见 Abbott and Snidal, Governance triangle, in Mattli and Woods (eds), The politics of global regulation, Princeton University Press, 2009, p. 50.

⑥ 参见 Cutler, Private power and global authority: Transnational Merchant Law in the Global Political Economy, Cambridge University Press, 2003, p. 15.

理会继续在全球化进程中扮演越发重要的角色。① 全球治理的萌发是国家治理不足的结果，而早在20世纪前50年，众多国际组织，包括国家间、政府间、非政府间国际组织如同雨后春笋般出现也是由以上原因所诱发的。而在20世纪后半叶，特别是近二十多年来，跨国私人治理也在该环境下得以催生及发展。②

传统的国家以陆上、海上、天空边界为限，传统的规制也是以国民、企业为主体对象，国际上对于国际法实体的关注更多在于国家而非私人实体。因此，在跨国私人治理时代，私人实体所带来的变革是从国家治理向资本治理所催生的过渡与转变，③ 是一种从有形治理对象向无形治理对象的转变，更是一种人类治理理念与治理效果的转变。在跨国私人治理的语境下，可以认为，当下我们所关注的并非有界的过渡，更非有形的实体，而是一系列随着资本而流动与萌发的信息、标准，等等。

然而，虽则跨国私人实体在全球治理中日益重要，但是持续萌发与催生的非政府私人机构，在国际层面上并没有拉大公私之间的

① 参见 Cutler, Private power and global authority: Transnational Merchant Law in the Global Political Economy, Cambridge University Press, 2003, p. 3.

② 私人实体在全球化进程中所展现出的强大力量一直为学者所关注。从国家向国际组织迈进，再从国际组织向非政府组织、公民社会、跨国公司等私人实体迈进。参见 Dezalay and Garth, Dealing in Virtue, International arbitration and the construction of a transnational legal order (1996); 同时也可参见 Cutler, Private power and global authority: Transnational merchant law in the global political economy, Cambridge University Press, 2003; Sassen, Territory, authority, and rights from medieval to assemblages, (2006); Callies and Zumbansen, Rough Consensus and Running code (2010) . The question had been already debated in the thirties in the US with the pioneering work by Jaffe. See Jaffe, Law Making by Private Groups, 1937 Harvard Law Review 201, p. 213.

③ 参见 Levi-Faur and Jordana, The rise of regulatory capitalism: The global diffusion of a new order, The Annals of the American Academy of Political and Social Sciences, 2005, p. 200; 同时也可参见 Levi-Faur, Varieties of regulatory capitalism: Sectors and nations in the making of a new global order, Governance Special Issue, 2006, p. 363.

区分与界限，相反，其出现更是在符合全球治理要求的框架下拉近了两者之间的距离。两者之间功能性以及地域性的区分与划界值得重新作出审视。① 这也正是有的学者认为非国家行为体是全球治理中的催化剂的原因。② 也正是在此背景下，私人治理实体在功能上对于传统国家所参与的治理给予了调节与补充。其并非对传统国家与国际组织为基础的全球治理的挑战与取代，在某种意义上而言，其是对两者的必要补充与发展。在国内层面上，私人治理实体可以对国家实施行政治理时所遭遇的盲点进行补充与填补。当然，按照卡法基（Cafaggi）教授的观点，虽然同属补充与支持的功能角色，然而私人治理实体与传统民族国家的关系应该细分为两种：一种是在国家作为一个强大治理主体时存在，私人治理实体对于国家治理的领域起补充作用。也正因如此，高效的私人治理通常与强大的国家治理相伴相随。另外一种则是私人主体在国家治理不能发挥作用的领域充当治理主体而并非扮演补充与支持的角色。③

在笔者看来，此种分类貌似更为适合对于国内层面与国际层面上两者的关系作出区分。在国内层面上，两者之间的关系主要以第一种为主，而在国际层面上，则主要以第二种为主。原因在于相比国内治理，全球治理体制下对私人充当治理主体而并非辅助角色的要求可能更为迫切。一国以内，国家可以通过国内法对私人治理实体进行规制，即通过法律的强制使其配合行动。而在国际层面上，国家之间存在着意见分歧，不同的利益团体与国家集团对于私人治理实体之间的合作变得多样化与难以预料。凯尔森曾经指出，“真正的法律具有一个类似于金字塔形的权力体系，法律所具有的拘束

① 参见 Von Bogdandy, Dann and Goldmann, Developing the publicness of public international law: towards a legal framework for global governance activity, 9 German Law Journal (2008), 1375, part. 1378.

② 参见 Von Bogdandy, Dann and Goldmann, Developing the publicness of public international law: towards a legal framework for global governance activity, 9 German Law Journal (2008), 1375, part. 1378

③ 参见 Fabrizio Cafaggi, New Foundations of Transnational Private Regulation, EUI Working Paper RSCAS 2010/53, p. 1.

力也是从金字塔之顶部向下逐级传递”。① 而在国际层面上，由于不存在一个处于金字塔的国际权力机构，使得国际法的法律效力更弱，国家间的意志与协调②更显得突出。

诚然，在国内法层面上，公共实体与私人实体间制定规则的权能的重新分配已然发生四十多年了，原来只发源于安哥拉-美国地区的传统国家职能的转变很快就席卷了整个西方社会，③ 而且这一席卷一直持续至今。在今天的东西方乃至全世界，公共实体与私人实体之间规则制定权能的分配已成为通常，传统对于公共实体至上、权力不可再分的思想随着自由主义思想的传播以及私人权利意识的觉醒而得到了充分的发展。传统对于福利规制的体系所发生的转变很快就已深入转化成公共规制主体与私人规制主体之间的以不同形式表现的相互竞争或相互合作。④也正是在全球化的影响下，国家权力的边界变得模糊，国家所调整的事项也变得不再清晰，各种渗透与弱化持续充斥在全球市场与传统的民族国家之间。因而，传统就全球市场与民族国家之间关于所承担事务的分水岭变得岌岌可危，一如施耐德所言，国家所要治理的事项与私人所要治理的事项的范围发生了极大的转变。⑤

---

① 参见《法与国家的一般理论》，凯尔森著，沈宗灵译，中国大百科全书出版社1996年版，第100页。

② 著名的国际法学者认为国际法是一种协调意志。参见梁西《国际法》，武汉大学出版社2005年版，第10页。

③ 参见 Baldwin and Cave, Understanding Regulation (1999); Streeck, Reforming capitalism (2008); Bruszt & Holzhacker, The Transnationalization of Economies, States, and Civil Societies (2009); Scott, Regulatory governance and the challenge of constitutionalism, in Oliver, Prosser and Rawlings (eds). Regulation After the Regulatory State (2010); Prosser, The regulatory enterprise (2010).

④ 参见 Black, Constructing and contesting legitimacy and accountability in polycentric regulatory regimes, LSE law, society and economy working papers, n. 02-2008 (2008).

⑤ 参见 Abbott and Snidal, Governance triangle, in Mattli and Woods (eds), The politics of global regulation, 2009, p. 80.

总之，跨国私人治理为全球治理模式提供了一种新的模式与进路，也是私人标准得以产生的理论源泉。

1.3　国内外研究现状

1.3.1　国内研究现状

国内对私人标准研究更偏向使用私营标准或私有标准这两个措辞。① 以笔者资料收集所得，发现国内没有任何一本专著涉及WTO下的私人标准规制问题。同时，即使是扩大所涉及范围，用私人标准的上级背景概念查找跨国私人规制，也没有找到一部专门以及全面的著作。这表明国内对此领域的研究至今还为一片空白。对私人标准的研究成果也是十分稀少。在论文方面，仅有李嘉博士的《国际贸易中的专利标准化问题及其法律规制》，高秦伟的《私人主体与食品安全标准制定》，董银果的《食品国际贸易的官方标准与私人标准——兼论与SPS协议的关系》，戚亚梅、白玲、郑床木的《农产品国际贸易中私营标准及其影响研究》，戚亚梅的《国际食品贸易中私营标准及其作用研究》，张兰的《私营标准广现国际贸易》，于连超的《反垄断法视野下的私营标准》，陈亚芸的《私人标准对SPS协定的挑战》等，但是以上成果均未全面对私人标准在以WTO为核心的多边货物贸易体制下与WTO的相互影响作出论述及研究，如有的研究主要是以专利标准为导向以及研究对象，并非在货物贸易框架下对私人标准进行讨论，而有的讨论则是在国内法概念下的私人主体与食品安全标准制定问题，并没有涉及在国际层面的讨论，更为突出的是，学者们也未针对私人标准在国际贸易中泛滥问题提出完整及可行的解决方案，更忽略了私人标准对以WTO为核心的多边贸易体制所产生的影响。

---

① 以笔者通过中国知网搜索所得，若使用私人标准措辞，则搜索所得结果仅为一篇相关论文。

1.3.2 国外研究现状

自私人标准问题凸显以来，国外对私人标准问题的研究较为深入，但是成果相对不多且分散。国外的研究倾向于一边倒，过分强调WTO货物贸易法律体制对私人标准的规制可能，而忽略了私人标准的发展及泛滥对以WTO为核心的多边贸易体制的影响。以笔者资料收集所得，这些研究主要集中在食品安全私人标准领域，较少对私人标准问题作概括性探讨。众多的国际组织、超国家组织，乃至国家政府部门如WTO、OECD、EU、OIE等均就私人问题出具了一些研究报告。这些研究报告中，较为突出的有联合国经济与合作发展组织（OECD）的《公共与私人标准在食品供应链中相互作用》（*Interaction of Public and Private Standards In the Food Chain*）、《私人标准体系与发展中国家进入全球价值体系链：从四个案例分析中所体现的挑战与机遇》（*Private Standard Schemes and Developing Country Access to Global Value Chains：Challenges and Opportunities From four Case Studies*），欧盟Grace Cai Hui Lee研究员就GLOBALG. A. P向欧盟提交的报告《私人食品标准及其对发展中国家之影响》（*Private Food Standards and their Impacts on Developing Countries*）。

当然，较为值得注意以及彰显此问题重要性的则是2012年的《世界贸易报告》，其就私人标准这一问题做了较为细致的探讨，同时2012年第11期的*World Trade Review*还以开辟专题讨论“国际贸易中的非关税贸易壁垒”，当中就有文章直接讨论私人标准在WTO框架下的规制问题。同时，大多数学者也从食品安全标准与SPS协定之间的关系进行研究，但是直接的研究成果不多，仅有的研究成果主要有Donal Casey的《私人食品安全与质量标准与WTO》（*Private Food Safety and Quality Standards and the WTO*），Tomasz Wtostowski的《WTO对私人标准规制的某些见解》（Selected Observations on Regulation of Private Standards by the WTO），Denise Provost的《私人食品安全标准与SPS协定：挑战及可能》（*Private sector food-safety standards and the SPS Agreement：Challenges and*

Possibilities), Jan Wouters、Axel Marx、Nicolas Hachez 的《私人标准、全球治理以及跨国合作——全球食品治理案例分析》(*Private Standards, Global Governance and Transatlantic Cooperation, The Case of Global Food Safety Governance*)。以笔者观点认为，上述研究要么集中在食品安全方面，范围不够广泛，要么仅把其研究视角局限在 WTO 货物贸易体系中以寻求解决方法，视野不够开阔。更没有学者提出用公私伙伴关系这一视角审视私人标准问题的解决可能性。

1.4 研究思路及方法

1.4.1 研究思路

其实，对私人标准的研究应该从两方面着手，既要看到私人标准对以 WTO 为核心的多边法律体系的影响，也要考察 WTO 涵盖协定作为多边货物贸易法律体系核心能否或应否对私人标准进行调整，而如果答案为否定的，则解决方案为何。循此逻辑，本书的研究思路主要分为四个层面，第一是全面分析私人标准的内涵、外延、运行及合法性，乃至其对国际贸易的影响，可以认为，此方面是对私人标准问题从本质层面上的研究。第二是讨论私人标准问题在 WTO 货物贸易框架下，主要是 SPS 以及 TBT 协议中能否规制的问题，把私人标准与 WTO 的贸易法律制度结合，研究现有 WTO 货物贸易框架下法律制度在私人标准问题上可以发挥何种作用。第三是通过对 WTO 法律渊源及相关协定中国际标准的分析与论证，探讨私人标准对 WTO 法律体系的合规性及合法性所产生的影响。第四是基于第二层面的分析，对当下私人标准问题的规制提出建议。笔者认为通过 WTO 货物贸易法律制度的法律方式对私人标准进行规制或调整并非最优选择，该问题应该通过构建一个符合公私伙伴关系的高级委员会，集利益攸关方力量共同予以解决。

1.4.2 研究内容

作为本书概念的起点，首先对私人标准的内涵与外延进行界定，详细明晰其与公共标准、非政府组织标准及非市场主导的区别与联系。同时以私人标准运行论统领论证私人标准兴起的原因、运行与遵守模式及合法性问题，还就私人标准与国际贸易的一般关系作出分析，并分别从五个方面论证私人标准对国际贸易所产生的促进与阻碍影响。

其次，对当下 WTO 货物贸易框架下相关协定对私人标准规制可能性的分析。作为一个大前提，笔者首先分析了私人标准在何种情况下可以被 WTO 协定所调整，进而分别在 GATT、SPS 协定以及 TBT 协定框架下探讨私人标准被规制的可能，最终得出结论。而在 SPS 协定以及 TBT 协定方面，则需要对两个协定的措辞进行分析以解决其能否对私人标准进行规制。

再次，探讨私人标准对以 WTO 为核心的多边贸易体制的影响。

最后，对现有的在 WTO 货物贸易框架下相关协定委员会关于对私人标准解决的方案进行评价与分析。提出通过公私伙伴关系理论，在 WTO、各私人标准制定者、WTO 成员方以及各私人标准可能受影响的潜在利益方之间构筑一个咨询委员会性质的伙伴合作机构，以期更好地解决私人标准问题。

1.4.3　研究方法

本书以辩证唯物主义与历史唯物主义方法统领全书，以历史分析方法考察私人标准的理论源泉及运行，以案例分析方法具体分析其合法性，以实证研究方法分析私人标准对国际贸易所产生的影响，WTO 当下货物贸易法律框架对私人标准规制的可能及私人标准对以 WTO 为核心的多边贸易体制的影响。

第2章　国际贸易与私人标准

2.1　私人标准概述

2.1.1　内涵与外延界定

于全球治理背景下产生及发展的私人标准，与传统公共标准①不同，具有私人自治性等特点。在全球化时代，私人标准得到广泛应用,② 成为继国家、国际组织等传统全球治理主体外的第三种推动指标。③

于内涵而言，私人标准本质上属于标准范畴，只是与公共标

① 参见 WTO Secretairt, World Trade Report 2005, p. 32, available at www. wto. org/english/res_e/booksp_e/. . . /world_trade_report05_e. pdf, visited on 3 September 2013. 公共标准意指将全社会经济运行中所有参与者的利益均考虑在内而制定的标准，其既可以为强制性也可以为自愿性，通常将强制性的公共标准称为规范。而非政府组织标准则可被视为私人标准的其中一类，该类标准也以非营利性为导向，然则与公共标准不同，两者在最终目标上不同。参见 OECD, Working Party on Agricultural Policies and Markets, Interaction of Public and Private Standards in the Food Chain, Sep, 2006, AGR/CA/APM 21, p. 18.

② 参见 FAO, Private Standards in The United States and European Union Market for Fruit and Vegetables: Implications for developing countries, 2007, p. XV.

③ 全球行政法的“指标之治”就是一种以标准特别是私人标准作为其中一种指标的治理模式，有关“指标之治”的详细内容请参见全球行政法官方网站.

准有所区别。对标准的界定成为对私人标准界定的前提。《牛津英语辞典》对标准最为确切、符合本书宗旨的定义为："一种授权的，或是受到认可的，或者是某些质量的认可程度。"① "一种规则、原则或者是作出决定或者判定的方式与手段，是一种方法，一种参照物。"② 与词典定义不同，国际标准组织与国际电工委员会对标准制定主体及程序进行细化，③ 其指引第3条第2款规定："标准是指由认可的组织所通过的或者是由协商一致共同构筑的，以日常重复使用为目的的规制、指引，或者其他对事物特性描述的特有的文件。其最终目标在于人类生活最优化。"值得注意的是，标准必须严格基于科学、技术以及实践的结果而为之。④

显然，对标准这一措辞明显包含法律上强制与非强制两种措施，即强制标准与自愿标准（或推荐性标准）。根据该定义，某些

① 参见 Oxford English Dictionary Online, available at http://www.oed.com/view/Entry/188962? rskey=d5GFq4&result=1#eid, visited on 1 September 2013.

② 参见 Oxford English Dictionary Online, available at http://www.oed.com/view/Entry/188962? rskey=d5GFq4&result=1#eid, visited on 1 September 2013.

③ 国际标准化组织（ISO）是全球最大的国际标准制定者以及公布者。而国际电工联盟（IEC）则是世界为所有电器、电工以及相关技术准备提供国际标准的组织。可以参见 http://www.iso.org/iso/about/htm; http://www.iec.ch.

④ 参见 ISO/IEC Guide 2: 2004, Standardization and Related Activities-General Vocabulary, definition 3.2. 同时也可参见 Negotiating History of the Coverage of the Agreement on Technical Barriers to Trade with Regard to Labelling Requirements, Voluntary Standards and Production Methods Unrelated to Product Characteristics, Note by Secretariat, TBT Committee, CTE, WT/CTE/W/10, G/TBT/W/11, Geneva, 29 August 1995, para. XL.

政府强制标准亦存续于该定义所包含的外延之内。① 因此，在今天，人们更为普遍和明确地把不具有法律强制力的措施定义为标准，而把具有法律强制力的措施定义为规则。② 也正是出于该考量，《TBT 协定》也对两种可能造成贸易扭曲和不公平的妨碍贸易的措施区分为“技术规则”及“技术标准”。

因此，在 WTO 货物贸易框架内，根据《TBT 协定》有关规定，标准被定义为：“由公认机构批准的供通用或重复使用的，规定了产品或相关加工和生产方法的规则、指南或特性的非强制性文件。该文件还可以包括或专门规定适用于产品、加工或生产方法的术语、符号、包装、标志或标签要求。”③ 除标准定义外，WTO《TBT 协定》附件一第二条还包括解释性说明，其目的在于澄清国际标准组织（ISO）以及国际电工联盟（IEC）定义与其定义及范围上的三点不同：首先，ISO/IEC 指南二的外延涵盖服务，而 WTO《TBT 协定》附件一第二条的定义仅指货物贸易方面的标准，不涵盖服务贸易方面的标准。其次，根据 ISO/IEC 指南二的规定，标准可以是自愿性的，也可以是强制性的，而 WTO《TBT 协定》下的标准则是自愿性的。最后，ISO/IEC 指南二中，标准是建立在协商一致的基础之上的，而 WTO《TBT 协定》还包括不是建立在

---

① 值得注意的是，国际标准化组织以及国际电工联盟的第二指引在此方面则是令人疑惑的。一方面，其关于“标准”措辞的定义显示其包括强制性措施，例如规则。但是与此同时，“规则”以及“技术规则”的各自定义却出现在该指引内容的不同部分中，而并非标准的定义或者标准类型的分类此两项内容中。更为详细的分析，请参见 ISO/IEC Guide 2：2004, Standardization and Related Activities-General Vocabulary, definitions 3.6 and 3.6.1：regulation-document providing binding legislative rules, that is adopted by an authority. Technical regulation-regulation that provides technical requirements, either directly or by referring to or incorporating the content of a standard, technical specification or code of practice.

② Spencer Henson, John Humphrey, Understanding the Complexities of Private Standards in Global Agri-Food Chains as They Impact Developing Countries, Journal of Development Studies, Vol. 46, No. 9, p. 1629, October 2010.

③ 参见 WTO《TBT 协定》附件一第二条关于标准的定义。

协商一致基础之上的标准。

这也是本书所要讨论的标准的准确含义。因此，笔者认为，私人标准是由广泛意义上的非政府机构，包括工业行业协会、商业公司、环境或者人权等非政府组织等所订立的，以日常重复使用为目的的规则、指引，或者是其他对于事物特性描述的特点的文件的总称。需要强调的是，私人标准在本书中的范围必须包括非政府组织等非政府机构，而与WTO2005年《世界贸易报告》中对于私人标准的定义有所区别。① 与公共标准一样，私人标准的制定也遵循着一套严格的程序与安排。为了更好地深入理解私人标准，这些过程与阶段是必不可少的。②

于外延而言，由于对“私人”一词理解不同，私人标准与公共标准，非市场驱动体系标准及非政府组织标准等措辞存在着重合及区别。

首先，私人标准与公共标准的关系。如前述，公共标准是指在理想情况下把“社会所有利益群体的利益均考虑”在内而制定的

---

① 诚然，私人一词原意应该指的是个人或私人机构组织，当然包括公司企业等私人模式。而且当讨论公司企业时，也应该是以追求绝对化的利润以及经济利益为基础的。2005年《世界贸易报告》对于私人标准中的私人也给出了两种含义。第一种是传统意义上（本书定义为狭义）论述的，意在表明私人即追求利益最大化的个人或组织。而第二种则把私人标准中的私人外延延伸至包括非政府组织等并非以追求利益利润最大化为根本宗旨的非国家行为体上。详细内容，请参见2005年《世界贸易报告》，available at www. wto. org/english/res_e/booksp_e/. . . /world_trade_report05_e. pdf, visited on 2 September 2013. 也有国外学者乃至国内学者理解私人标准措辞中的私人包括非政府组织以及市民社会等非国家行为体（Non-Government Actor），参见Anne Tallontire, CSR and Regulation, Towards a Framework for Understanding Private Standards Initiatives in the Agri-Food Chain, Third World Quarterly, 28: 4, pp. 775-791.

② 关于这一程序的具体步骤与程序，详细请参见Spencer Henson, John Humphrey, The Impacts of Private Food Safety Standards on the Food Chain and on Public Standard-Setting Processes, Codex thirty-second Session, FAO, WHO, Codex Alimentarius Commissions, Rome, May 2009, pp. 7-8.

标准。① 在国际贸易领域，规范模式的增多、规则制定者的多样性及碎片性使得私人标准与公共标准的范围渐趋重合，公共标准与私人标准的界限也日渐变得模糊不清。如从国内法与国际法的角度分析，这也部分得益于私人标准在国内和国外适用标准的日渐交融。② 存续于国内环境与国际环境间的私人标准，与公共标准和其他规则一道，始终受到政府间国际标准组织在此方面发展的左右。

由于政府可能会在标准制定程序中的某个阶段介入，同时也是由于现有的国际法国内法相互交融情况大为增加，实际上具备强制性的私人标准与政府或公共标准之间的鸿沟更趋模糊。③ 这又是因为自愿性的私人标准多少都会由于政府在不同阶段不同程度的参与影响而可能具备某些公共特征。④ 但是它们之间存在着根本的区别，私人标准与公共标准的区别如图 2-1 所示。

如图 2-1 所示，两条互相垂直的直线所分割的四个区域均可

---

① 参见 2005 年《世界贸易报告》，p. XXV. available at www. wto. org/english/res_e/booksp_e/.../world_trade_report05_e. pdf, visited on 1 September 2013.

② 参见 Spencer Henson, John Humphrey, The Impacts of Private Food Safety Standards on the Food Chain and on Public Standard-Setting Processes, Codex thirty-second session, FAO, WHO, Codex Alimentarius Commission, Rome, May 2009, pp. 4-5; 同时也可参见 Spencer Henson, The Role of Public and Private Standards in Regulating International Food Markets, Food Regulation and Trade: Institutional Framework, Concepts of Analysis and Empirical Evidence, IATRC, Bonn, Germany, May 28-30, 2006, pp. 4-6; Spencer Henson, John Humphrey, Understanding the Complexities of Private Standards in Global Agri-Food Chains as They Impact Developing Countries, Journal of Development Studies, Vol. 46, No. 9, p. 1629, October 2010.

③ 参见 FAO, Draft Report On A Global Survey on Private Standards, Codes of Conduct and Guidelines in the Livestock Sector, Working Document, 2010, pp. 6-7.

④ 参见 Spencer Henson, John Humphrey, The Impacts of Private Food Safety Standards on the Food Chain and on Public Standard-Setting Processes, Codex thirty-second session, FAO, WHO, Codex Alimentarius Commission, Rome, May 2009, p. 5.

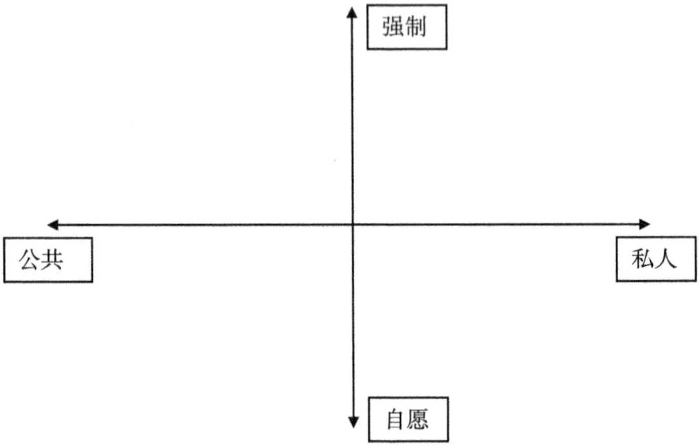

图 2-1

能为私人标准或公共标准所占有。公共标准与私人标准的区别并非在于是否具备强制性，而在于制定主体。公共标准可以自愿为前提，而私人标准也在特定情况下具备强制性。公共标准多具备对全社会公共利益的考量，而私人标准在更多时候仅考虑其受众利益。

其次，私人标准与非政府组织标准的关系。笔者以为，两者的区别在于如何定义“非政府组织”。就何为非政府组织，目前的定义主要分为两类：一类是官方文件中的解释。如 1994 年联合国文件（U. N. Doc. E/ac. 70/1994/5）的定义是：一种非营利性实体，其成员为一个或多个国家的公民或公民协会，他们的行为由成员的集体意志所决定，以满足一个或多个和该非政府组织合作的团体成员之需。① 无独有偶，世界银行的定义则是：在其最广泛意义上，非政府组织指一切非官方和赢利部门以外的个人团体，无论其是依合法章程建立的或非正式的，也无论其是稳定的或临时的。② 又如

① 联合国文件，UN. Doc. E/ac. 70/1994/5.

② 转引自陈红，《NGOs 与 WTO 多边贸易体制关系研究》，西南政法大学博士学位论文，2009 年 6 月，第 3 页。

1991年《关于承认国际非政府组织法律人格的欧洲公约》则认为一个非政府组织必须符合如下条件：第一，拥有一个非营利性的国际公益目标。第二，根据一个适用缔约方国内法的文件设立。第三，从事至少在两个国家具有影响力的活动。第四，在一缔约方领土上设有法定办公机构并在该缔约方领土拥有管理和控制中心。①

至于第二类学者对非政府组织的定义，较有代表性的则是：各国的民间团体、联盟或个人，为了促进在政治、经济、科学技术、文化、宗教、人道主义及其他人类活动领域的国际合作而建立的一种非官方的国际联合体；② 非由一国政府或政府间协议建立、能够以其活动在国际事务中产生作用、其成员享有独立投票权的民间组织；③ 主要由个人、民间团体依法建立和参加，并有自己独立的章程、宗旨、组织机构和活动资金，参与国际经济及相关领域活动的非营利组织。④ 显然，三种定义都旨在强调突出非政府组织的最大特征"非营利性"或"公益性"。

因此，区分狭义私人标准与非政府组织的标准在于该机构是否以盈利为最终目标。由于本书持广义私人标准说，则可认为私人标准外延涵盖非政府组织标准。

最后，私人标准与非国家市场驱动体系（NSMD）标准的关系。除却私人标准这一用语，在国际政治及关系领域，大量学者运用非国家市场驱动体系（NSMD）这一措辞。然而何为NSMD？有学者认为，其准确的界定是："非国家市场驱动体系"的组织形式并非非政府组织或私人商业支持，而是介于具有以上两特点或同时

① European Convention on the Recognition of the Legal Personality of INGOs, available at http://www.uia.org/archive/legal-status-4-11, last visited on 2 September 2013.

② 参见王铁崖主编，《国际法》，法律出版社1995年版，第565页。

③ 参见黄志雄，《非政府组织：国际法律秩序中的第三种力量》，载于《法学研究》2004年第4期，第123页。

④ 参见王彦志，《非政府组织的兴起与国际经济法的合法性危机》，载于《法制与社会发展》2002年第2期，第113页。

无该特点的两种形式之间。① "非国家市场驱动体系" 不同于传统的公司自治（Corporation Self-Regulation），后者治理具歧视性及参与方的有限性。② "非国家市场驱动体系" 是一种掺和了非政府组织与私人商事机构的混合型治理体系。③

NSMD 体系的主要特征是：第一，非国家市场驱动体系从主权国家中不得到政策制定权力，这也使得其与传统的私人规制模式不同。④ 而即使在政府资助其成立的情况下，NSMD 体系也并不对国家负责。这使得其与传统的国家治理体系及国家直接行使或授权使用权力的公私伙伴关系治理模式不同。第二，NSMD 体系机构通常以追逐群体目标或价值为宗旨⑤，NSMD 标准的制定、采用及遵守均需考虑大范围利益攸关者的利益。⑥ 这又使得其与狭义的私人标准即私人公司标准得以区分。第三，该体系的权力来源于市场供应

---

① 参见 Steven Bernstein, Legitimacy in Intergovernmental and Non-state Global Governance, Review of International Political Economy, 2011.

② 参见 Steven Bernstein, Erin Hannah, Non-State Global Standard Setting and The WTO: Legitimacy and the Need for Regulating Space, Journal of International Economic Law 11 (3), July 2008, p. 9.

③ 参见 Steven Bernstein, Benjamin Cashore, Can Non-State Global Governance be Legitimate? A Theoretical Framework, Regulation and Governance, 2007.

④ 但这并不意味着国家在该治理模式中无足轻重，相反，国家机构可对特定 NSMD 体系给予财政支持，以国家为基础的国内及国际环境也对其运行产生影响。参见 Benjamin Cashore, Legitimacy and the Privatization of Environmental Governance: How Non-State Market-Driven (NSMD) Governance Systems Gain Rule-Making Authority, Governance 15, pp. 502-529. 另外，Cashore 等人之前的研究也表明，其观点认为私人规制的权力来源于国家授权，参见 Benjamin Cashore, Legitimacy and the Privatization of Environmental Governance: How Non-State Market-Driven (NSMD) Governance Systems Gain Rule-Making Authority, Governance 15.

⑤ 参见 Rosenau JN, Governance in the Twenty-first Centry, Global Governance1, p. 15

⑥ 参见 Rosenau JN, Governance in the Twenty-first Centry, Global Governance1, p. 15.

链，处于市场供应链外端范围的因素诸如消费者等自由决定其是否采纳该体系标准。① 第四，NSMD 体系意在重新影响市场。它们主要集中于全球治理背景下私人公司企业所不愿或无利益驱动触及的领域。② 这使得它们区分于意在统一交易规则及市场的公司商业标准体系。③ 第五，NSMD 体系拥有确认对该体系遵守及不遵守后作出惩罚的机制。这实际上意味着其发展了一种一旦进入体系就必须强制遵守的标准。④ 相反，私人自治及公司社会责任标准通常均是自愿性的。

结合 NSMD 的特点，笔者以为，本书的私人标准也涵盖 NSMD 体系标准，虽然上述学者认为 NSMD 区别于私人标准的要点为其拥有确认对该体系遵守及不遵守后作出惩罚的机制，但笔者以为，其本质上仍然是以自愿为基础的。NSMD 的这一特点，在笔者看来，是该观点混淆了自愿性与强制性之间的鸿沟。该强制性并非 NSMD 独有，该体系仍然依托公司法或合同法在运行上存有强制性。⑤

综合上述分析，在外延上，本书所指的私人标准与 WTO2005 年《世界贸易报告》中所指的私人标准不同，是指全部私人标准。其外延包括私人公司标准、非政府组织标准，也涵盖非市场主导体

① 参见 Steven Bernstein, Legitimacy in Intergovernmental and Non-state Global Governance, Review of International Political Economy, 2011.

② 参见 Steven Bernstein, Benjamin Cashore, Can Non-State Global Governance be Legitimate? A Theoretical Framework, Regulation and Governance, 2007.

③ 参见 Porter, Compromises of Embedded Knowledges: Standards, Codes and Technical Authority in Global Governance, in Stevern Bernstein, Pauly L W (eds), Global Liberalism and Political Order: Toward a New Grand Compromise? Suny Press, pp. 109-131.

④ 参见 Steven Bernstein, Benjamin Cashore, Can Non-State Global Governance be Legitimate? A Theoretical Framework, Regulation and Governance, 2007.

⑤ 关于私人标准的运行，下文将详细论述。

系（NSMD）标准。同时值得注意的是，本书所指的私人标准多侧重于私人公司标准，即以盈利为目的标准，这也是当下在 WTO 货物贸易框架内所主要讨论的。① 另外，多数非政府组织标准及 NSMD 体系标准主要涉及劳工、环境保护、人权等方面，② 而私人公司标准则多集中于食品安全、动植物检验检疫、农业生产等方面。③

事物的内容不因其表现形式不同而发生质的变化。私人标准能由单独文件或一系列文件构成。基于不同创设历史和场合，这些文件的表现方式和名称可能各异。除日常使用的“标准”这一用语以外，较为普遍的名称还包括“技术指引”“正确操作规程”“行为准则”以及“生产规程”“行为建议”或“行动指南”等。④ 显然，文件的名称并非至为重要，核心在于这些文件中所包含的内

① 原因在于以国际贸易的角度看待，私人公司标准广泛参与全球价值链的利益分配，非政府组织标准及非市场主导体系标准在某种程度上均主要为私人公司所采用以影响国际贸易。同时在当下所热烈讨论的 WTO 与私人标准关系中，绝大部分均是讨论私人公司标准与 WTO 涵盖协定之间关系。

② 参见 Benjamin Cashore, Legitimacy and the Privatization of Environmental Governance: How Non-State Market-Driven (NSMD) Governance Systems Gain Rule-Making Authority, 15 (4), Governance, 2004, p. 502; Steven Bernstein, Erin Hannah, Non-State Global Standard Setting and The WTO: Legitimacy and the Need for Regulating Space, Journal of International Economic Law 11 (3), July 2008, p. 9; Steven Bernstein, Legitimacy in Intergovernmental and Non-state Global Governance, Review of International Political Economy, 2011, p. ; Steven Bernstein, Benjamin Cashore, Can Non-State Global Governance be Legitimate? A Theoretical Framework, Regulation and Governance, 2007.

③ 参见 FAO, Private Standards in the United States and European Union Markets for Fruit and Vegetables: Implications for Developing Countries, 2007, p. 70.

④ 参见 FAO, Draft Report On A Global Survey on Private Standards, Codes of Conduct and Guidelines in the Livestock Sector, Working Document, 2010, pp. 6-7.

容。一般而言，这些内容必须包括出于日常和重复使用的目的而对产品和工业流程所作出的规则、指引以及特性描述等。国际标准化组织和国际电工委员会对此都采取了类似的态度和措施。国际标准化组织在其指引中明确“技术指引”① 以及“行为准则”② 都意指其是标准，或者至少是标准的一部分。因此，正如同上文对于私人标准所作的定义一样，判断一项标准是否为私人标准，应该以其核心内容为基础。

私人标准种类繁多，据不完全统计，当下全世界的私人标准至少超过十万个。但如此庞杂的体系，仍然依存一定的标准与界限将其进行分类，主要的分类包括以下几种。③

私人公司标准。该标准主要由商业公司出于商业目的发展而来。当下，众多大型跨国公司，如法国乐购、家乐福，美国沃尔玛，荷兰壳牌以及皇家超市等都拥有自身内部针对产品质量、工作条件、工艺环境影响的标准。④ 对于这些标准的遵循信息也都通常会在其官方网站或者通过其他方式，例如大众传媒或者公共宣传等渠道获知。得益于此，大型的跨国公司的产品在消费者当中享有良好声誉和口碑。同时，遵循该公司标准的产品通常也通过在这些公司所销售的产品上贴标签的方式向消费者传递该信息。除此以外，

① “描述一项产品、工艺或者服务所需要满足的技术性标准的文件”，参见 ISO/IEC Guide 2：2004，Standardization and Related Activities-General Vocabulary，definition 3.4.

② “为装备、设备或者产品的世界，制造、安装、维护或者使用提供建议性的操作或流程的文件”，参见 ISO/IEC Guide 2：2004，Standardization and Related Activities-General Vocabulary，definition 3.5.

③ 参见 WTO，Committee on Sanitary and Phytosanitary Measure，Typology of Global Standards，Communications from the United Nations Conference on Trade and Development，G/SPS/GEN/760，26，February 2007，pp. 2-4.

④ Typology of Global Standards，Communications from the United Nations Conference on Trade and Development，WTO，Committee on Sanitary and Phytosanitary Measure，G/SPS/GEN/760，26，February 2007，pp. 2-4.

也有一些专门公司协助其他公司基于商业运营需要以及照顾消费者口味发展特定公司标准。斯潘塞·汉森（Spencer Henson）及约翰·汉弗莱（John Humphrey）两位教授把此举称为“私人标准设计”，而这些公司则理所当然地成为私人标准设计公司。因此，可以认为，私人公司标准可以是由一公司内部发展，也可以由专业的标准设计公司为某个公司的需要定做。①

集体私人标准。这一标准主要是由各式各样的国际或国内非政府组织，例如工业协会、研究机构、非营利性机构等发展以及采纳的私人标准。② 发展以及采纳该标准的组织对自身并不应用该标准。这些标准的受众群体主要是很多商业公司以及机构。因此，这一标准的承购与否在于该标准是否得到了同行业很多公司的运用以及实际上的商业运作反馈。也正因如此，很多出于受众范围内的公司都乐于参与到该标准的制定过程，以及监督落实、修订重构的过程，即“正义不但要得到实现，还要以人人都看得见的方式得到实现”。更为值得一提的是，在很多时候，私人标准设立机构也得到了商业公司的资助和影响。③

相比于私人公司标准，在全球化的今天，集体私人标准得到了越来越广泛的应用。出现该情况的原因在于集体私人标准所拥有的

---

① 需要注意的是，他们同时也提供私人公司，例如“ProSafe Certified”“SCS Clean Food Standards”等所发展以及设立的标准。参见 Spencer Henson, John Humphrey, The Impacts of Private Food Safety Standards on the Food Chain and on Public Standard-Setting Processes, Codex thirty-second session, FAO, WHO, Codex Alimentarius Commission, Rome, May 2009, pp. 18-19.

② WTO, Committee on Sanitary and Phytosanitary Measure, Typology of Global Standards, Communications from the United Nations Conference on Trade and Development, G/SPS/GEN/760, 26, February 2007, pp. 2-4.

③ 例如，MSC 即水产品认证。其于 1996 年由 Unilever 以及 WWF 共同决定建立。其是由世界自然基金会（WWF）以及安哥拉-德国跨国公司所设立的，有关其详细情况，请参见 http：//www. msc. org/about-us 以及 http：//www. alaskaoceans. net/aboutus/msc. htm.

特有优势。① 这些优势表现为：首先，这些标准可以被视为更具合法性，合法性保证了这些标准的普遍性。由于在制定集体私人标准的过程中参与的利益相关机构或成员的数量和范围远比私人公司标准情况下的多和宽泛，这一默认的规则也造成了这样的结果。② 第二，适用集体私人标准的成本要比适用私人公司标准便宜得多。这是因为在采用集体私人标准的情况下，每个公司个体都不需要动用庞大的经济乃至社会资源进行研发。同时，采用第三方认证模式，③ 这一模式是指对于私人公司所采用的标准，其符合程度判定并非由该公司独立做出，而是由一个合资格或者得到认可的第三方做出，这个第三方可以是非政府组织或者独立评核机构，这就使得成本得以节约，效率提高，但是合法性、合理性得以彰显。第三，集体私人标准的执行也远比私人公司标准简单，且成本低。④ 原因在于私人公司仅仅需要满足一个共同的集体私人标准即可，而不需劳力费神以满足每个公司所设定的各相迥异的公

---

① 至少，其宣称“从个人食品公司以及第三方公司标准转变至集体私人标准”。参见 Spencer Henson, John Humphrey, The Impacts of Private Food Safety Standards on the Food Chain and on Public Standard-Setting Processes, Codex thirty-second session, FAO, WHO, Codex Alimentarius Commission, Rome, May 2009, p. 18.

② 但是这并不排除针对该私人标准关于其缺乏合法性的指控。实际上，针对私人标准的合法性的指控在当下是比较普遍的。由于关于谁能够参与标准制定，如何平衡利益有关者之间的利益，如何保证小股东或者发展中国家的生产商的利益，同时使其可以有效参与标准制定程序，这些问题争议较多。

③ 参见 Spencer Henson, John Humphrey, The Impacts of Private Food Safety Standards on the Food Chain and on Public Standard-Setting Processes, Codex thirty-second session, FAO, WHO, Codex Alimentarius Commission, Rome, May 2009, p. 9.

④ 参见 WTO, Committee on Sanitary and Phytosanitary Measure, Typology of Global Standards, Communications from the United Nations Conference on Trade and Development, G/SPS/GEN/760, 26, February 2007, p. 8.

司私人标准为目的。最后一点，可能也是最为重要的是，集体私人标准对于商业公司来说更具吸引力，原因在于通过集体私人标准的确立，每个公司都为一个共同的商业环境和所谓的游戏层级作出了贡献，这有利于各个公司在机会均等、规则相同的环境下进行竞争。

上述采用不同私人标准的组织可能是国内性组织、区域性组织以及国际性组织。也正是基于这一分类，上述的集体私人标准就可以成为国内集体私人标准、区域性集体私人标准以及国际性集体私人标准。显然，这一分类中的每一个种类间都是联系紧密的。诚然，私人标准是一个不断进行更新和发展的领域，① 这一领域的范围也是广泛的。国内的私人标准可能在适当的时间和地点、环境下就能成为区域性甚至国际性私人标准。可能同时也益于经济全球化和一体化，这一分类可能会被视为界定不清，国内标准成为区域性标准甚至是国际标准的情况并不多见，但是可以预见，在经济高度一体化的世界某些地区和角落，这必将成为一个趋势和发展模式，也是提升私人标准效率性和合法性的最好手段和方式。例如，正如前文所述，欧洲农业标准成为全球农业标准的范式；无独有偶，起源于英国的英国零售行为标准，现已成为零售行为全球标准；同时，起源于德国的食品安全标准现也已成为全球性的标准，这部分得益于北美食品安全研究所的推动，等等。②

部分私人公司标准及集体私人标准如表 2-1 所示。

---

① 参见 Spencer Henson, John Humphrey, The Impacts of Private Food Safety Standards on the Food Chain and on Public Standard-Setting Processes, Codex thirty-second session, FAO, WHO, Codex Alimentarius Commission, Rome, May 2009, p. 7.

② 参见 WTO, Committee on Sanitary and Phytosanitary Measure, Typology of Global Standards, Communications from the United Nations Conference on Trade and Development, G/SPS/GEN/760, 26, February 2007, p. 8.

表 2-1　　部分私人公司及集体私人标准列举

私人公司标准	集体私人标准		
	国内范围	区域范围	全球范围
阿霍德标签计划及食品安全标准(Ahold's Labeling Schemes and standards for food safety.) 乐购自然选择(Tesco Nature's Choice) 家乐福品质路线(Carrefour Filiere Qualite)	英国放心食品标准(Assured Food Standards) 英联邦零售商协会全球标准(British Retail Consortium Global Standard) 德国 QS 质量体系(Qualitat Sicherheit) 法国红标签(Label Rouge) 英国放心组合式作物体系(Assured Combinable Crops Scheme) 英国牛肉及羊肉农场保障(Farm Assured British Beef and Lamb) 澳大利亚当下选择免费体系(Choose Currently Free)	北美可持续森林倡议(Sustainable Forest Initative)	国际标准化组织 ISO22000 食品安全管理体系(ISO22000: Food Safety Management System) 国际标准化组织 22005 饲料及食品链可追溯性体系(ISO: 22005: Traceability in the feed and food chain) 森林管理委员(Forest Stewardship Council) 海洋管理委员会(Marine Stewardship Council)

资料来源：根据 WTO, Committee on Sanitary and Phytosanitary Measure, Typology of Global Standards, Communications from the United Nations Conference on Trade and Development, G/SPS/GEN/760, 26, February 2007; WTO, Committee on Sanitary and Phytosanitary Measure, Private Standards and the SPS Agreement, Note by the Secretariat, G/SPS/GEN/746, 24, January 2007; FAO, Private Standards in the United States and European Union Markets for Fruit and Vegetables: Implications for Developing Countries, 2007; M. Aragrande, A. Segre, E. Gentile, G. Malorgio, E. Giraud Heraud, R. Robles, E. Halicka, A. Loi & M. Bruni, Food Safety Chains Dynamics and Quality Certification, Final Report, EU DG Joint Research Centre, Brussels, 31 May 2005 等资料整理而成。

2.1.2　私人标准运行论

2.1.2.1　私人标准的兴起

私人标准的发展与扩张，主要反映了以下两种当下全球化中所出现的现实。① 首先，其是从国内层面向全球层面权力重新分配的一种表现模式。其次，其是公共规制权力与私人规制权力的一种重新分配。其能在私人主体之间以及私人主体与国家实体之间就规制范围作出重新分配的效果。借用卡法基（Cafaggi）在跨国私人治理研究中得出的萌发的理由，② 笔者以为主要是以下原因推动了私人标准的发展。

第一，全球资本、人员及货物流动需要全球性的同化标准。世界被国家边界、海洋边界划分为拥有不同主权的国家与实体，在国际贸易层面，更有独立关税区。③ 这使得基于不同国家国内立法不同的市场对于同一人员、资本乃至货物流动的规制产生了极大的不对等与不平衡。④ 有可能在某些国家，同一食品的产品标准会高于其他国家同类产品的标准。这一割裂的直接后果则是全球市场的碎片化。而跨国私人治理正是基于此最为经常被援引的理由得以发展。其目的在于克服各国由于国内法的不同所产生的市场划地而治、划海为邻的现状。虽然在很多时候，通过设立共同的规则或治理体系、标准，国际治理碎片化的这一现象在一定程度上加剧了。

第二，国家作为全球治理“立法者”存在不足。传统的国家之间对于全球问题的治理是基于协商一致所达成的条约或习惯国际

① 参见 Fabrizio Cafaggi, New Foundations of Transnational Private Regulation, EUI Working Paper RSCAS 2010/53, p. 1.

② 参见 Fabrizio Cafaggi, New Foundations of Transnational Private Regulation, EUI Working Paper RSCAS 2010/53, p. 1.

③ 参见 John. H. Jackson, The World Trading System: Law and Policy of International Economic Relations, 2nd edition, The MIT Press, 1997, p. 158.

④ 参见 Leebron, Lying down with Procusters: an analysis of harmonization claims, in Baghwati and Hudec (eds), Economic analysis of fair trade and harmonization, 1996, p. 41.

法而为的。但是在经历对已有事项的调整后，国际事务变得复杂，同时伴随着国家利益的极大分化。与此同时，随着调整事项的深化，事项背后所触动的更是国家可能赖以为继的神经。① 因此，可以认为，在全球化时代，在需要各方合力对全球问题进行治理之时，国家之不能，在一定程度上则会催生私人自治。② 在诸如环境、人权、劳工等领域，私人标准起到了填补传统国家规制欠缺的作用。③

① 以 WTO 为例，之前经过的八轮多边贸易谈判，国家间尚能就很多领域的事项达成一致，进一步开放市场，降低关税。然而随着谈判议题的深入，当多哈发展回合深入触及发达国家与发展中国家之间关于农业的利益问题之时，谈判的步伐不得不被迫放慢，而谈判的预期结果更貌似遥遥无期。在 2012 年 7 月底日内瓦召开的总理事会会议上，WTO 总干事拉米就曾强烈要求发达国家与发展中国家之间互相体谅，寄望 2013 年 12 月于印度尼西亚巴厘岛所召开的部长级会议。当然有很多人会认为多哈回合的失败部分缘由在于 WTO 中世纪式的决策机制，要在此重要关节点中达成一致似无可能。这也直接导致自 2000 年以来对于 WTO 改革的呼声与研究越发激动人心。但是大家心中却都已确信，缘由只是在于发达国家与发展中国家之间就某些议题的谈判实难实现突破。在国际贸易领域如此，在环境保护领域更是不遑多让。1992 年的里约环境会议的失败在一定程度上催生了以私人非政府组织者为领导的致力于林木保护的私人标准的产生。

② 参见 Abbott and Snidal, Governance triangle, in Mattli and Woods (eds), The politics of global regulation, (2009) 50. On the correlation between globalisation and the increasing power of transnational private actors, 参见 Cutler, Private power and global authority: Transnational merchant law in the global political economy, 2003.

③ Haufler V, A Public Role for the Private Sector: Insdustry Self-Regulation in a Global Economy, Carnegie Endowment for Interantional Peace, Washington D. C, 2001; Gunningham N, Kagan RA, Thornton D, Shades of Green: Business, Regulation and Environment, Standford University Press, 2003; Howlett M, Managing the "Hollow State": Procedural Policy Instruments and Mordern Governance, Canadian Public Administration 43, 2000, pp. 412-431; Ruggie JG, Reconstituting the Global Public Domain-Issues, Actors and Practices, European Journal of Internatioanl Relations 10, 2004, pp. 499-531; Hay BL, Stavins RN, Victor RHK, (eds), Environmental Protection and the Social Responsibility of Firms: Perspectives from Laws, Economics, and Business, Resourses for the Future, Washington, D. C., 2005.

第三，科学技术的高速发展。人类已经进入信息化时代，21世纪将会是信息与科学技术爆炸的时代。科学技术的发展使得科学标准化进程逐步趋向统一。“一个标准，一个世界”的口号使全球大众都意识到科学技术高速发展使得私人标准在全球治理中扮演着更为重要的角色。① 同时在国际层面上，技术标准主要由私人实体制定及执行，② 故科学技术的高速发展必将把私人标准推向新的高度。

第四，国家就国际标准遵守的监督不力。除却在全球治理层面上面对新兴问题“立法”表现力不从心，国家对跨国体系的违规的监督及落实也表现得无所适从。③ 例如在食品安全的全球价值链上，国家把其传统应承担的监管责任逐渐转移于私人公司企业。爆发于20世纪90年代的欧洲食品安全危机（诸如疯牛病、口蹄疫症等）使得私人必须发展自身标准以规避法律规定，而《英国食品安全法》对零售商苛以“注意义务”直接印证了以上观点。直至20世纪90年代，由国内（公共或私人的）的标准制定机构制定的自愿标准及标签以及认证体系还只仅限于技术以及质量标准，而并非健康标准等。例如，英国1990年的《食品安全法》标志着政府启动把食品安全中的责任归责于私人主体这样一个趋势的开端。同时在该法中，政府鼓励私人主体防止相关食品安全问题的发生。根据该立法，商业公司销售食品遵循“严格责任”原则。但是同时该法又提供了一种辩护的途径，即正当注意义务的辩护。即如果商业公司已经采取了相应的合理的防护措施，就不应该适用严格责任。从这部法律中所折射的这一法律规定，使英国的连锁超市，包括玛莎等都意在发展自己公司的产品以及工艺私人标准以保证食品安全。也正是为了达到保证食品安全的目的，这些连锁超市还要求

① 参见 WTO Secretarit, World Trade Report 2012. p. 8. available at http://www. wto. org/english/res_e/publications_e/wtr12_e. htm WTO Secretairt, World Trade Report 2005, p. 32. last visited on 3 September 2013.

② 参见 Fabrizio Cafaggi, New Foundations of Transnational Private Regulation, EUI Working Paper RSCAS 2010/53, p. 1.

③ 参见 Fabrizio Cafaggi, New Foundations of Transnational Private Regulation, EUI Working Paper RSCAS 2010/53, p. 3.

其国内外的供应商也同时要满足这些标准，遵循严格的生产和加工程序。同时此种做法也使商业公司可以逃离“严格责任”的拘束。另外，在当时所谓的“名声与羞愧”文化中，商业机构害怕在市场运行中，其商业信誉和名声由于不良食品而受到损害。①

第五，全球治理溢出效应的影响。全球治理不单存在于不同主体间，也存在于不同的利益集团之间。② 全球治理下的溢出效应分为两类：横向效应与纵向效应。③ 两种效应共同在全球治理背景下引发了市场规则制定权力的转移。私人标准通过在全球价值链中的运行，使标准制定者及标准适用者处于该权力的顶峰。在此背景下，发达国家的私人标准制定机构，诸如众多私人公司或非政府组织尝试通过全球价值链的链接作用把私人标准扩散至发展中国家，从而控制其在全球贸易中的份额及角色。而私人标准的应用则成为

① Spencer Henson, John Humphrey, The Impacts of Private Food Safety Standards on the Food Chain and on Public Standard-Setting Processes, Codex thirty-second session, FAO, WHO, Codex Alimentarius Commission, Rome, May 2009, p. 7; Grace Chia-Hui Lee, Private Food Standards and their Impacts on Developing Countries, (2006), Part VIII Legality of Private Food Schemes in the WTO, p. 8; Spencer Henson & John Humphrey, The Impacts of Private Food Safety Standards on the Food Chain and on Public Standard-Setting Processes, (2009) Joint FAO/WHO Food Standards Programme Codex Alimentarius Commission, Thirty Second Session, ALINORM 09/32/9D-Part II, p. 4; Spencer Henson & John Humphrey, The Impacts of Private Food Safety Standards on the Food Chain and on Public Standard-Setting Processes' (2009) Joint FAO/WHO Food Standards Programme Codex Alimentarius Commission, Thirty Second Session, ALINORM 09/32/9D-Part II, p. 19. 私人标准，例如 GLOBALGAP 全球标准以及 BRC 全球标准，其制定的目的都明确地指向此“正当注意”的辩护。“名声与羞愧”文化是英国政府在其官方网站公布农药监管结果而衍生的结果。在该网站中，英国政府直接指出需要负责的品牌、零售商以及分销商等。英国政府的这一文化导致零售商在进货过程中严格审慎监督其产品供应商。

② 参见 Fabrizio Cafaggi, New Foundations of Transnational Private Regulation, EUI Working Paper RSCAS 2010/53, p. 1.

③ 参见 Fabrizio Cafaggi, New Foundations of Transnational Private Regulation, EUI Working Paper RSCAS 2010/53, p. 3.

这一趋势及效应的最好载体。①

第六，公司社会责任的兴起。1924 年，美国学者谢尔顿（Oliver Sheldon）在其著作“The Philosophy of Management”中就提出了“公司社会责任”的概念。笔者查阅资料获知这是迄今为止对“公司社会责任”的最早描述。他把公司社会责任与公司经营者满足产业内外各种人类需要的责任联系起来，并认为公司社会责任含有道德因素在内。而至 20 世纪 30 年代，在美国公司法学界又产生了著名的多德-贝利论战，两位学者就“公司的经理人员是谁的受托人”展开了大讨论。多德（Dodd）教授率先指出：公司对雇员、消费者和公众负有社会责任，尽管这些社会责任未必见诸法律而为公司的法定义务，但应当成为公司管理人恪守的职业道德。随后，贝利（Berle）教授立即发表异议：商业公司存在的唯一目的就是为股东营利，公司管理人唯对股东有相当于受托人的责任，如果要求管理人对股东之外的其他人负责，那么，所有者控制公司、管理人应对所有者承担受托人义务的公司法规则就会被削弱乃至颠覆，在公司承担社会责任的名义下，各种各样的利益群落都会向公司提出财产要求，作为市场经济基础的财产私有就会被动摇，结果将导致类似一场经济内战的社会财富再分配。然而，直到 1953 年，被称为“企业社会责任之父”的伯文（Howard R. Bowen）出版《商人的社会责任》一书，关于企业社会责任的现代辩论才真正开启。伯文在文中将企业社会责任定义为：商人按照社会的目标和价值，向有关政策靠拢、作出相应的决策、采取理想的具体行动的义务。1961 年，伊利斯（Eells）和沃顿（Walton）进一步发展了企业社会责任的观念，他们认为“当人们谈论有关企业社会责任时，他们正在考虑的是公司、企业给社会带来的负面影响，以及在处理公司与社会之间关系应当遵循的伦理准则”。1975 年，戴维斯（Davis）在《经济与社会：环境与责任》一书中，给社会责任下了一个更为明确的定义，他声称“社会责任是指决策制定者在促进自身利益的同时，采取措施保护和增进社会整体利益

① 参见 Fabrizio Cafaggi, New Foundations of Transnational Private Regulation, EUI Working Paper RSCAS 2010/53, p. 8.

的义务”。“社会责任的思想认为企业不仅具有经济和法律的义务，而且还具有超出这些义务之上的对社会的义务”。① 除了与全球治理下传统治理主体所面临的难题相关外，私人标准的泛滥与兴起和公司社会责任的兴起与发展有关。而且对于公司社会责任的理解甚至还先于全球治理这一理论出现与泛滥。诚如鲍威林所言，“跨国公司，面临来自非政府组织及消费者持续增长的对环境、劳工、人权等多方面要求的强大压力，需要制定自有一套标准”。② 在全球私人治理领域，非政府组织或者主要以非营利为目的私人实体追逐社会责任自不待言，也符合全球治理的潮流。然而跨国公司等主要是以盈利为目的的，追逐商业利润也成为公司区别于其他社会组织

① 参见 Oliver Sheldon, The philosophy of management, Routledge, 2003, p. 3; Richard Eells and Clarence Walton, Conceptual Foundations of Businessman: an outline of the major ideas sustaining business enterprise in the Western World, 1961, Routledge , pp. 55-56; Social Responsibilities of the Businessman, with a commentary by F. Ernest Johnson, New York: Harpter & Brothers, 1953; Richard Eells and Clarence Walton, Conceptual Foundations of Businessman: an outline of the major ideas sustaining business enterprise in the Western World, Routledge, 1961; Keith, Davis & Robert Blomstrom, Business, society, and environment: social power and social response, McGraw-Hill, 1975, p. 18; Keith, Davis & Robert Blomstrom, Business, society, and environment: social power and social response, McGraw-Hill, 1975, p. 13; Wood, D. J. Corporate Social performance reveisited, Academy of Management Review 16, pp. 691-718.

② 参见 Joost Pauwelyn, Non-Traditional Patterns of Global Regulation: Is the WTO ‘Missing The Boatt’? presented at the European University Institute, Florence, 24-25 September 2004, Conference on Legal Patterns of Transnational Social Regulations and Trade, p. 1. 正如有的学者指出的，随着全球社会责任运动的不断壮大，通过压低劳动力工资来降低产品价格的做法越来越受到发达国家消费者的抵制。对于发达国家大部分消费者而言，购买一件由囚犯和童工生产的商品是绝对不能接受的。越来越多的消费者和经销商开始从对社会负责的供应商处购买产品。SA8000 标准的出现，是社会良知对资本权利的一种制约，消费者可以通过企业是否实施了 SA8000 标准来辨别其经营之道。通过了认证的企业，就表明其已经向社会许下了履行社会责任的承诺，消费者和经销商当然也更愿意购买该企业的产品。这对增加企业的出口量和竞争力，提高企业的管理水平和可持续发展都有非常积极的作用。

的最大特征。① 在全球食品安全、生态环境保护、动植物健康乃至人类健康领域均出现全球性问题时，为了满足消费者乃至普罗大众的公共道德审美，跨国公司也会把其目光和焦点转移至公司社会责任之上。②

2.1.2.2　私人标准运行目的与过程

私人标准的建立基于一定目的。这些目的因私人标准所涉及的产品或生产过程而不同。但是这些目的也有一定的共通性，并可以分类为以下几种。第一种可以称为技术性目的，根据此目的设立的标准直接与产品的技术方面相关。该种类的技术标准目的包括建立共同产品用语与措辞，产品通向可比性，产品生产效率以及质量，等等。

私人标准的另一种目的可以更为广泛地定义为社会性目的。这是由于基于这一目的，私人标准具有更为广阔的社会影响和责任。社会性目的通常包括保护自然环境，例如，发展可再生能源的私人行业标准用以保证空气质量，减少排放污染；可持续林业渔业发展以及濒临灭绝物种保护和生物多样性，减少碳排放以减缓全球温室效应发展，防止以及降低空气、水以及光污染等；发展 SA8000 等企业社会责任标准，目的在于保护人权，保护劳工权益，也是与西

---

① 参见 Ackerman, R. W, How Companies Respond to Social Demands, Harvard Business Review 51 (4), p. 88.

② 参见 Harrison, J. S. & Freeman, R. E, Stakeholders, Social Responsibility and Performance: Empirical Evidence and Theoretical Perspectives, Academy of Management Journal, 1999, pp. 479-485; Baumhart, R. C., How Ethical are Businessman? Harvard Business Review, 39 (4), 1961, pp. 6-12, 16, 19, 156-176; Brown, H. R. Social Responsibility of Business-man. New York, 1953; Donham, W. B. The Social Significance of Business, Harvard Business Review, 4 (4), pp. 406-419; Friedman, M, Capitalism and Freedom, Chicago: University of Chicago Press, 1962; Hayek, F. A. v. Individualism and Economic Order, Chicago: Chicago University Press, p. 101; Hayek, F. A. v. Individualism and Economic Order, Chicago: Chicago University Press, p. 98, 101.

方发达国家所推行的某些人权方面的理念相一致。① 总之，私人标准所追求的这一目的有别于其作为技术性标准中所凸显的竞争性，着重于标准所应该具有的全球人类性和社会问责性。

另外，私人标准的这一目的性还包括保证合理劳动环境以及人权，例如禁止强制劳动、使用童工、安全以及健康的工作环境、最低工资标准以及最高工作时长等。同样，消费者权益、产品的质量与安全等，也是私人标准所追求的社会目的中重要的组成部分。消费者必须能够享用高品质或者至少是安全的食品。他们有权利知道产品的组成成分、特性或者所有他们认为重要的产品生产信息。②

最后一个目的则是商业性或者营利性目的。所追求的这些目的主要包括：与其他同类经常产品相区别，创设独有的产品销售体系，提高公司名誉以及增加公司商标影响力，从而获得更为丰厚的利润，等等。例如，贴有有机商标的食品能够为生产该产品的公司带来较同类情况下更高的利润回报。

综上所言，私人标准可能存有一个或者多个所要追求的目标，并因此被划分为单一或者多重私人标准。这样的一个分类体系如MSC③ 或 FSC④，而 GLOBAL. G. A. P. ⑤ 或者是 FLO⑥ 则可以被视为追求多样性目的的私人标准。但值得注意的是，私人实体制定私人标准的目的可能是复合而并非单一的，例如通过私人标准的建立

① 参见 David A. Wirth, The International Organization for Standardization: Private Voluntary Standards as Swords and Shields, 36 Boston College Environmental Affairs Law Review, 2009, p. 86.

② 例如之前曝出的沃尔玛血汗工厂案以及苹果在中国生产商富士康血汗工厂案，均表明发达国家对于某些涉及劳工人权标准的坚持。

③ 即水产品认证。其于 1996 年由 Unilever 以及 WWF 共同决定建立。其以此为目标：保护世界未来渔业供应和鼓励可持续发展水产业；和各个利益方建立合作关系；在产品标签上以明确标志说明：捕捞来源于良好的海洋环境，此产品可持续捕捞。

④ 即森林管理委员会。其是一个由利益相关者所有的体系。其目的在于促进负责任的对森林感兴趣的公司和组织提供标准制定、商标保证、认可服务以及市场准入服务。

⑤ 下文会详细论述。

⑥ 即公平贸易认证组织，其是世界上最大的公平贸易稽查与认证单位。

达到满足企业社会责任要求或保护环境的目的，对于某些以追逐利润为目的的公司而言，则是为了更广泛地追逐尽可能多的利润。

随着私人自治体系在全球治理范围内的发展，私人标准也有其特定的对象。虽然本书着重讨论的是关于货物贸易方面的私人标准，对于服务贸易方面的私人标准着墨不多，但是这样的事实不能否认私人标准已经在服务贸易方面所日益凸显的影响。因而，即使是在国际贸易领域方面，已经存在为货物贸易与服务贸易服务的私人标准。同时，由于企业社会责任理论的日益深化，越来越多的公司以及投资者都期待为其提供服务的提供商能够满足必要的符合社会伦理、道德、性别、劳工人权、环境要求的标准。例如，公营公司可能被其利益相关者或者社会大众要求其服务提供商（例如律师，会计师或者银行家等）满足一定的性别、种族、背景多样性这些标准。无独有偶，很多美国公司也已经要求为其提供服务的律师需要具有背景的多样性。当在服务贸易领域内私人标准的问题与日俱增时，一个经常反思但又还没有取得共识的结果在于现有的与私人标准相关的问题主要存在于货物贸易领域中的《TBT协定》与《SPS协定》这两个协定之中。因此，服务贸易领域内的私人标准问题又是另外一个与货物贸易领域私人标准截然不同的世界，需要额外的关注与研究。①

证明私人标准是否满足其既有标准是通过一个所谓的合格评定程序完成的。根据《TBT协定》附件一中对于合格评定程序的一般定义②，我们可以推论出私人标准的合格评定程序是指“任何直接或者间接证明成为私人标准所要满足的条件得到满足的程序”。如同公共标准一样，私人标准也有很多运行上所存在的步骤，而这

① 在全球经济一体化的背景下，研究服务贸易自有其特殊的重要性。然而服务贸易与货物贸易由于在本质上存在着区别，两者领域内所发展起来的私人标准在调整上也会有所差异。WTO中的服务贸易委员会也曾讨论过私人标准的问题。

② 《TBT协定》附件一中如此定义合格评定程序：“合格评定程序特别包括：抽样、检验和检查；评估、验证和合格保证注册、认可和批准以及各项的组合。”参见《TBT协定》附件一。

些步骤则是我们更好地理解私人标准如何运行所必需的。① 这些步骤主要包括：

（1）准备或发展一个标准。在这一阶段，一个标准所要呈现的规则以及程序都实际成型。这一阶段可能包括在技术性委员会中对于具体标准计划的起草与讨论，不同利益相关方之间关于所要制定的标准的具体内容的讨论，草案文本向公众公开和出版，接受来自公众及专业人士对于该草案的评价和建议。

（2）通过该标准。这一阶段意味着一项标准大的最终文本得到特定的标准制定机构通过。根据具体特定的标准制定机构的实质性以及程序性的不同规定，该标准可能基于协商一致的基础得以通过。标准通过以后，通常就会以公开出版物的方式为社会大众了解和熟知。

（3）需要注意的是，第一阶段和第二阶段，即标准的准备发展以及通过过程通常称为标准的制定或形成过程。

（4）标准应用。由于与技术规范相比，标准具有无法律拘束力的特性，因此正是私人标准的应用使得其在市场上得以运作。标准的应用是指一个商业公司或者实体要求其产品或者原材料供应商必须符合某些标准的要求的方式。较为简单易懂的例子就是连锁超市只会从其原材料供应商处购买标有由 MSC 认证及标签的海产品。

（5）标准的执行，也通常称为标准的一致性。标准的执行由特定的决定执行该标准的组织进行。商业公司或者实体，主要是产品的供应商，通常会基于其购买者的需求执行一定的标准。也同样是之前的那个例子，一家渔业公司需要执行 MSC 的标准②并且得到相关第三方的认证后，其产品才可以供应给相应的超级市场。该渔业公司执行 MSC 标准的过程就称为标准的执行。

---

① 关于私人标准运行的具体步骤分类和分析，详细请参见 Spencer Henson, John Humphrey, The Impacts of Private Food Safety Standards on the Food Chain and on Public Standard-Setting Processes, Codex thirty-second session, FAO, WHO, Codex Alimentarius Commission, Rome, May 2009, pp. 7-8.

② 详细内容请参见 MSC 所制定的关于渔业可持续发展的环境标准，available at http://www.msc.org/aboutus/standards/standards/msc-enviromental-standard.

（6）任何控制（或称之为认证），通过认证程序得以实施。

（7）标准落实。由于私人标准在本质上是自愿的，可能存在的最为严厉的惩罚措施是拒绝购买采用该标准的公司所制造的产品。但是需要注意的是，这可能只是商业实体考虑到购买价格或者其他原因所造成的。

值得注意的是，大多数集体私人标准，例如 SQF① 等均采用第三方认证模式，如通过认证证书的方式进行认证。另外，在通常情况下，对于集体私人标准的认证也是由合资格的认证组织出具的。该种实践出于一系列原因。首先，作为一项规则，私人标准制定机构本身应该避免参与到标准的认证程序当中。这是因为如果它们参与进标准的认证过程中，就颇有点“贼喊捉贼”的意思，其合法性和公正性将会受到质疑。第二，相当多集体私人标准是在全球范围内，至少是在区域范围内适用的，因此，发展全球性的或者区域性的第三方和资格认证组织可以使该体系更为公正以及高效。同时这也大大便利了需要得到认证的私人公司。

遵守一定的标准是为了达到某种目的，其遵守也是为了指向一定类别的受众。这些被指向的目标可以有很多种，包括私人公司、消费者等。这就决定了私人标准可能存在多种潜在指向对象。

首要指向对象是商业公司的私人标准通常被称为“公司对公司标准”（business to business）。如此类推，首要指向对象是消费者的私人标准通常就被称为“公司对消费者标准”（business to consumer）。但是，由于通常公司也会成为产品的最终消费者，因此在此种情况下的公司也不能避免成为“公司对消费者”标准的目标。② 因此，由于私人标准所指向的对象不同，在产品的外包装或者某处也会因不同情况选择是否贴上标签以资识别。③

---

① 全球食品行业，安全与质量体系的最高标准。详细内容请参见 http：//www. sqfi. com.

② 例如，公司也需要为员工购买咖啡或者为日常办公需要购买纸张，在此种情况下，公司的身份就发生了转变，成为消费者，公司也需要考虑所购买产品的标准问题。

③ 参见 FAO，Draft Report On A Global Survey on Private Standards，Codes of Conduct and Guidelines in the Livestock Sector，Working Document，2010，pp. 6-7.

很多“公司对公司”都可能解决诸如食品安全及质量、良好农业实践、产品追溯性以及问责性等问题。① 例如，GLOBAL. G. A. P. 及 BRC② 的全球标准下关于认证信息仅仅被通知至公司一级，例如零售商直接面对消费者。因此，从这些零售商手中购买产品的消费者通常都不能意识到该标准的适用，更不用说关于该标准如何适用等问题。而“公司对消费者”标准，由于其受众主要是消费者，该标准的目的因此主要在于影响消费者的选择，同时这些标准也同时解决产品质量、生产工艺的环境影响以及其他问题，例如动物福利以及劳工环境等。

2.1.2.3 私人标准运行模式与遵守

跨国私人治理改变了传统的以国家为核心的国际治理模式，其以行为准则、行为规范等一系列软法规范为治理渊源，在执行力上与传统的国家治理模式存在区别。因此，在全球价值链中，通过合同及私法方式把私人标准固定及法律化成为私人标准运行与遵守模式。依托全球价值链订立的跨国合同为国际私人标准的实施提供了载体。③ 跨国私人治理原则上以自愿为前提，反映的是国内的私人规制理念。以合同法为手段，私人标准这一国际软法被强化。合同作为私人标准制定者或适用者与供应商或下游企业连接的桥梁，通

① 参见 Pascal Liu, Private standards in international trade: issues and opportunities, Contribution to Workshop on Environment-Related Private Standards, Certification and Labelling Requirements, WTO, Geneva, July 9, 2009, p. 5.

② 英国零售商协会（British Retail Consortium, BRC），是一个重要的国际性贸易协会，其成员包括大型的跨国连锁零售企业、百货商场、城镇店铺、网络卖场等各类零售商，产品设计种类非常广泛。在 1998 年，英国零售商协会应行业需要，制定了 BRC 食品技术标准（BRC Food Technical Standard），用以评估零售商自由品牌食品的安全性。目前，该标准已经成为国际具知名度的食品规范，不但可用以评估零售商的供应商、生产商，同时许多公司以其为基础建立起自己的供应商评估体系及品牌产品生产标准。

③ 参见 Fabrizio Cafaggi, Private Regulation, Supply Chain and Contractual Networks: The Case of Food Safety, EUI Working Paper RSCAS 2010/10, p. 4; Fabrizio Cafaggi, New Foundations of Transnational Private Regulation, EUI Working Paper RSCAS 2010/53, p. 33.

常用于双方或多方间就产品采购或供应达成法律文本条款。例如零售商会在其与产品供应商的合同中以附加议定书或附件形式签订。而设定于合同的义务可通过一系列途径得以实施，例如通过司法途径或私人途径或自我执行机制。① 以食品全球价值链为例，合同条款赋予零售商取消或不再订购不符合标准的供应商产品的权利。该威胁机制使得第一层次供应商具有遵守该标准的意愿。除了上述司法机制外，私人执行体制比司法机制更为高效。②

正是基于以上论述，合同及国内合同法的相关规定为私人标准通过全球价值链在不同的国家之间的运行与执行提供了工具理性。当然，不容忽视的是不同国家国内合同法的差异，使得在不同国家的诉讼结果不同。③

除却合同法，当下全球价值链的高度一体化与整体化，也使得公司法成为私人标准得以高效运行的载体。④ 有观点认为，当产业链中的垂直一体化加强，特别是当零售商对产业链上游及产品供应商进行整合时，私人标准成为零售商公司内部事务，导致私人标准的遵守也是通过公司的内部委员会组织法特别是公司法得以执行。⑤ 而即使同是私人标准的执行，具全球性的私人公司标准与单个企业私人公司标准的执行也不尽相同。⑥ 以食品安全领域为例，私人公司标准经常为其产品供应链量身定做。而集体私人标准，如BRC制定的英联邦零售食品标准或是从Europ. G. A. P. 发展起来的

① 参见 Fabrizio Cafaggi, New Foundations of Transnational Private Regulation, EUI Working Paper RSCAS 2010/53, p. 33.

② 参见 Fabrizio Cafaggi, Private Regulation, Supply Chain and Contractual Networks: The Case of Food Safety, EUI Working Paper RSCAS 2010/10, p. 4.

③ 参见 Fabrizio Cafaggi, New Foundations of Transnational Private Regulation, EUI Working Paper RSCAS 2010/53, p. 34.

④ 参见 Fabrizio Cafaggi, Private Regulation, Supply Chain and Contractual Networks: The Case of Food Safety, EUI Working Paper RSCAS 2010/10, p. 4.

⑤ 参见 Fabrizio Cafaggi, Private Regulation, Supply Chain and Contractual Networks: The Case of Food Safety, EUI Working Paper RSCAS 2010/10, p. 4.

⑥ 参见 Fabrizio Cafaggi, Private Regulation, Supply Chain and Contractual Networks: The Case of Food Safety, EUI Working Paper RSCAS 2010/10, p. 4.

GLOBAL. G. A. P. 标准，则因应其在全球价值链中的统治地位而使得其适用更具普遍性。①

总之，私人标准通过全球价值链与产品供应链在私人标准制定者与标准适用者之间产生互动关系。私人标准对产品供应链中所产生的价值及市场结构产生影响。反过来，产品供应链则对私人标准的规制策略与模式产生影响。而基于不同的模式，合同法或公司法等法律在国内层面上为私人标准的执行与遵守提供了法律硬性载体。

2.1.2.4　私人标准的合法性问题

合法性②已成为在全球治理背景下讨论规制主体的一个中心话题。私人标准化是在全球治理的背景下蓬勃发展起来的。其打破了传统植根于国家间治理的模式，反映了国际经济一体化、全球化的要求。全球治理的理论要求实施治理的实体必须使该治理具有合法性。在全球化的背景下，很多由传统以及国内手段进行规制的问题都越发上升至国际层面的解决上来。私人标准的出现，虽然旨在寻

① 参见 FAO, Private Standards in the United States and European Union Markets for Fruit and Vegetables: Implications for Developing Countries, 2007, p. 70.

② 关于“合法性”的界定及分类讨论，请参见本书第四章。需要指出的是，由于对合法性的分类及定义乃至研究视角不同，合法性的界分也存在区别。例如有学者从组织合法性角度把合法性界分为“实用合法性”“道德合法性”及“认知合法性”，意在从遵守者及利益攸关者角度考察为何遵守。本书所采用的是根据马克斯·韦伯对合法性的界定，在全球治理下由瑞斯(Risse) 所提倡的“内在合法性”与“外在合法性”分类，也是从私人标准制定机构自身角度进行观察。其他合法性类型的界分及不同措辞，参见 Alexander P. D'entreves, Legality and Legitimacy, The Review of Metaphysics, Vol. 16, No. 4, 1963, p. 687; Benjamin Cashore, Legitimacy and the Privatization of Environmental Governance: How Non-State Market-Driven (NSMD) Governance Systems Gain Rule-Making Authority, 15 (4), Governance, 2004, p. 502; Thomas Risse, Transnational Governance and Legitimacy, in Arthur Benz and Yannis Papadopoulos (eds), Governance and Democracy: Comparing National, European and International Experiences, London: Routlege, 2006, p. 184.

求填补国内以及国际公共权力的空间，但是其仍然留给我们相当多的困惑与不解。我们也已经习惯于被定义在公共规制规则的环境内，对其合法性与效率性深信不疑，而对私人标准乃至私人规制，则表现出更多的疑惑。因此，对公共规制的信任并不会自然而然、无条件地延伸至私人规制当中。同时，即使要对私人的规制进行信任，认为其合法以及具效率性，这样的条件与前提的满足也并非易事。私人标准化的过程其合法性如何？我们是否被合法的规则制定者、合法的事由以及合法的规则模式进行规制？这是决定私人标准是否能具备合法性的重要问题。

本书视野下的私人标准包括私人公司标准及集体私人标准（主要是非政府组织私人标准或NSMD体系标准），两者在合法性上的反馈不尽相同。总体而言，非政府组织私人标准，多存续于所谓的NSMD体系中，其内在合法性本质上比私人公司标准要高。①如由世界自然基金会（WWF）帮助设立的FSC（森林管理委员会），是一个关于森林资源管理责任的非政府组织，其与工业、社会责任和环境团体合作，根据FSC规则，通过对林地所有者及林业公司发放认证改进世界范围内森林资源管理的社会和环境活动。其由三个各自独立代表不同利益群体（包括社会及宗教组织、环境组织及经济组织）的委员会组成，广泛的代表性使其内在合法性得以提升。②与FSC相似，MSC也由广泛代表不同利益群体组织构成决策层。由于非政府组织私人标准制定机构主要在于平衡大众对环境、劳工、人权等公共利益的需求，而不存在私人公司中追逐商业利润的目标，因而被广泛认为更能反映广大利益攸关者的利

① 但这并不意味着私人公司标准在任何情况下都比集体私人标准的合法性要低，比较两者的合法性分别，需要具体情况具体分析。关于私人标准的合法性具体研究，已经有相当部分研究成果。

② 参见 Meidinger, The Administrative Law of Global Private-Public Regulation: the Case of Forestry, 17 European Journal of International Law, 2006, p. 47；也可参见FSC官方网站，http://www.fsc.org/about-us/governance/structure for the FSC

益，从而更具内在合法性。① 同时，在贸易领域，由于其广泛涉及环境、劳工、人权等传统国际组织所不能涉及的领域，故其外在合法性也被视为高于部分不涉及此领域的国际组织，如WTO。

而私人公司标准，由于其本质上以追求公司利润为目的，一般被认为在内在合法性的外部方面缺乏全面的参与机制与利益代表渠道。② 如GLOBAL. G. A. P. 是一个由食品产业所设立的私人体系。在成员资格方面，该组织的成员资格向所有相关的食品生产者、销售者以及供应者开放，前提是其同意该组织章程中所设定的条款的措辞。因此，其成员被分类为三大块，生产者或供应者、零售者以及相关的组织（例如参与与食品产业有关或者直接参与制定标准行为的实体）。但在实践中，GLOBAL. G. A. P. 的成员绝大部分来自发达国家，特别是西方的国家所组成，③ 而发展中国家以及不发达国家成员所占的比例十分小。因而GLOBAL. G. A. P. 设置的“形式正义”并没有导致“实质正义”的结果。区域代表平衡性在该机制中一直没有得到落实和保证，所有部门委员会也几乎均由西方国家所垄断和主导。当然这也直接导致由这些部门委员会所制定的标准绝大多数都反映西方国家的利益与取向。

同时，在领导机构以及日常管理之中，GLOBAL. G. A. P. 由一个统一该机构“长远以及近期计划及视野”的专业委员会所领导。④ 该委员会由成员中的零售商以及生产商或供应商选出。至于

① 参见Meidinger, The Administrative Law of Global Private-Public Regulation: the Case of Forestry, 17 European Journal of International Law, 2006, p. 48.

② 参见Meidinger, The Administrative Law of Global Private-Public Regulation: the Case of Forestry, 17 European Journal of International Law, 2006, p. 50.

③ 关于GLOBALG. A. P. 的成员清单，可以参见http: //www.globalgap. org/cms/front_content. php? idcat=4.

④ 请参见GLOBALG. A. P. General Regulations-Integrated Farm Assurance, November 2009, available at http: //www. globalgap. org/cms/upload/The_Standard/IFA/English/GRs/GG_EG_IFA_GR-Part_I-V_ENG。最新版的General Regulations-Integrated Farm Assurance于2011年3月通过。

该组织的日常管理与该组织所制定的标准的日常执行，则由对该委员会负责的秘书处负责，该秘书处同时也并入德国非营利性公司FoodPlus GmbH 中。[①] GLOBAL. G. A. P. 标准由零售商以及生产商、供应商所选出的专业委员会具体细化和解释。这些专业委员会各自专注于 GLOBAL. G. A. P. 所制定的私人标准的各技术性方面。[②] 除了上述各委员会以外，还有一个“认证委员会”。该委员会同时也是由各会员所组成。该认证委员会的职能在于在超过十万份年度审查所出现的标准的不同解释中寻求一致与和谐。[③] 在日常领导与管理的实践中，可以认为其功能主要偏向产品生产商及供应商，而对于消费者等一系列受到该产品影响的外部利益攸关者关注较少。但是由于其主要以公司等利润为主要目标，在决策层的组成上也不如集体私人标准存在多个利益分化的利益攸关者，因而在决策效率乃至政策及事项的执行力及效率性上会优于集体私人标准。

总之，虽然大多数私人标准化机构正致力于在其决策机制中吸纳更多的公众参与，但是其公众合法性仍然受制于全球治理中私人实体作为自治主体的瑕疵与缺点。其内部利益攸关者，即享有进入私人标准化机构内部结构权力的利益攸关者，通过享有完全以及排他的参与权，也可以对该标准施加完全的影响。而内在合法性也直接决定其外在合法性表现，在问题解决效率及执行力上也存在着众多瑕疵。

2.2　私人标准与国际贸易关系

私人标准并非孤立存在，其对国际贸易产生了两方面影响。很

---

① 参见 http：//www. globalgap. org/org/cms/front _ content. php? idcat = 15. last visited 3 September 2013.

② 参见 General Regulations 2009，Part I，p. 10. 同时也可参见 GLOBALG. A. P. ，Terms and Reference Sector Committees，June 2008，available at http：//www. globalgap. org/cms/upload/About _ Us/Goverence/080624-GLOBALGAP _ Sector_Committees_ToR. pdf. ，last visited 3 September 2013.

③ 参见 http：//www. globalgap. org/org/cms/front _ content. php? idcat = 22，last visited 3 September 2013.

多关注在于私人标准是否以及在何种程度上成为或者将会成为“贸易壁垒”。① 私人标准其实也可对贸易起积极作用。“私人标准的贸易影响具体由产品的种类、目的地国、原产地国、消费者的种类以及所历经的私人公司的不同而不同，从本质上由他们而决定。”② 但是在论证上述两个方面前，笔者以为，私人标准首先应是中立的，也正是基于此原因，笔者首先论证私人标准与国际贸易的一般关系，进而再从私人标准作为国际贸易的推动器以及构成国际贸易壁垒两个方面进行阐释和论述。

2.2.1 私人标准与国际贸易的一般关系

一般而言，标准与贸易之间的关系可以通过经济学图表表示。私人标准与国际贸易之间的关系如图 2-2 所示。

图 2-2 表示私人标准在完全竞争状况下对进口国与出口国贸易额的影响，以及对一国的贸易及福利造成的影响。假定两个国家，对某一产品分别有充裕的生产商与消费者，同时假定该国处于完全竞争状态下，两国间原贸易曲线如图 2-2 所示，以纵坐标为价格，横坐标为数量，两者相交点则表示国际贸易中产品成交价格与数量的交汇点。

在不存在私人标准的前提下，该产品的均衡价格以图中的中线表示（Pns），出口供应曲线则以 ESns 表示，进口需求曲线则以

① 笔者以为，在 WTOSPS 委员会的讨论中这呈现出一边倒的态势，主要在于发展中国家对此甚为关注。参见 WTO, Committee on Sanitary and Phytosanitary Measures, Private Standards and the SPS Agreement, Note by the Secretariat., G/SPS/GEN/746, 24 January 2007; WTO, Committee on Sanitary and Phytosanitary Measures, Private Standards, Statement by Uruguay at the Meeting of 2-3 April 2008, G/SPS/GEN/843, 21 May 2008; WTO, Committee on Santinary and Phytosanitary Measures, Terms of Reference for the Working Group on Private Standards, G/SPS/W/225, 18 June 2008.

② 参见 Henson, The Role of Public and Private Standards in Regulating International Food Markets, papers presented at the IATRC Summer Symposium Food Regulation and Trade: Institutional Framework: Concepts of Analysis and Empirical Evidence, May 2006, p. 26.

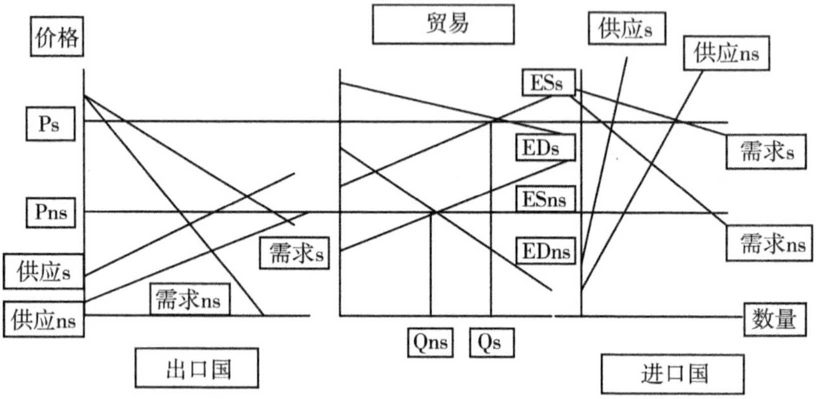

图 2-2

EDns 表示，出口供应曲线与进口需求曲线之间的交点为实际中该产品成交的价格与数量。这一系列的方程均分别来源于该图左边的出口国供给与需求方程及右边的进口国供给与需求方程。在贸易图中，两国间实际的产品贸易量为 Qns，而以价格为三角形的底，ESns 方程和 EDns 方程相交点 Qns 为顶点的三角形则表示两国在该产品的国际贸易中所共同获取的福利。

显然，在该三角形内，以 Pns 方程为限，置于 EDns 方程以下以及 Pns 方程的区域为出口国所攫取的福利，同理，置于 Pns 方程以下及 ESns 方程以上的区域为进口国所攫取的福利。

但是随着市场交易对质量要求的提升，假定进口国对国内推行适用于国内生产者及产品出口商的产品标准，则此时可能出现两种结果，生产该产品的成本上升及进口国消费者可享有质量更好的产品。由此该方程出现改变，反映在进口国图中则是供应方程与需求方程的曲率均向上提升，表明同等数量产品的价格上涨。反映在出口国图中，同样也是供应方程与需求方程曲率均向上提升。

因此，上述分析表明，在对私人标准的需求呈积极效应时，在完全竞争状态下，私人标准有助于国际贸易的增加及推进福利，而在对私人标准的需求呈负面效应时，图 2-2 的推论则不成立。显然，以上分析表明私人标准在本质上是中性的，其对国际贸易及一国国内福利的影响并非只存在正面或负面效应，而应视具体国家情况分析。

2.2.2 私人标准作为贸易推进器

2013年《世界投资报告》指出，全球大约60%的贸易，约200万亿美元的贸易额都在全球价值链的过程中产生。产品生产过程的碎片化及在生产过程中分散的任务及行为已使得全球进入无边界的贸易体系。① 与此同时，全球价值链主要由跨国公司所操控。跨国公司凭借其全球范围内的贸易进口与出口网络、合作伙伴及远程供应商，在全球范围内实现几近无边境化贸易。跨国公司通过复合的供应商网络关系及各种治理模式，实际控制了全球价值链运作。

联合国工业发展组织于2002年度工业发展报告《通过创新和学习以参与竞争》中对全球价值链首次做出定义："全球价值链是指在全球范围内为实现商品或服务价值而连接生产、销售、回收处理等过程的全球性跨国企业网络组织，涉及从原料采集和运输、半成品和成品的生产和分销，直至最终消费和回收处理的过程。它包括所有参与者与生产销售等活动的组织及其价值利润分配，并且通过自动化的业务流程和供应商、合作伙伴以及客户的链接，以支持机构的能力和效率。"②

当今世界货物贸易主要以全球价值链为标志。全球价值链成为连接全球不同国家生产商及零售商的桥梁。私人标准对国际贸易的影响也是通过对全球价值链中的不同部分产生作用的。

2.2.2.1 私人标准实行高质量监控体系，有助于生产过程的控制，保证产品质量，促进国际贸易发展

以 GLOBAL. G. A. P.（全球良好农业守则）为例，GLOBAL. G. A. P. 其实是一系列国际性标准体系，例如国际标准组

① 参见 UNCTAD, World Investment Report 2013: Global Value Chains: Investment and Trade for Development, available at http://unctad.org/en/PublicationsLibrary/wir2013_en.pdf, last visited on 3 September 2013.

② 参见 UNIDO，转引自苏湘云、何伟静，《全球价值链理论与企业竞争优势分析》，载于《山东人大工作》2010年第10期，第19页。

织进行认证的标准性文件的整合。其包括一系列总体规定及关于节点控制等的附加议定书。该附加议定书又可以细分为 214 个节点控制点，从而构成十四章的内容（见表 2-2）。在这个私人标准体系中，所有认证产品都必须符合该标准的要求。显然，GLOBAL. G. A. P. 是由程序特定化组成的。通过一个接一个地检查这些控制节点的情况，GLOBAL. G. A. P. 要求产品的生产商以及供应商等证明产品的标准等价性。另外，为保证 GLOBAL. G. A. P. 的高质量性，GLOBAL. G. A. P. 在其标准设定方面引入了三个标准性原则。

表 2-2　**GLOBALG. A. P. 下控制节点所包含的生产程序①**

作物			生产	
种子与保育	保育点选择	作物保护	收成及运输	保存、清洗及处理
1. 追踪				
2. 记录保存及内部检测				
3. 品种及根源				
	4. 保育点历史及管理			
		5. 土壤及基板管理		
		6. 农药管理		
		7. 灌溉及施肥		
		8. 作物保护		
			9. 收成	
				10. 生产控制

① 参见 http://www.globalgap.org/org/cms/front_content.php? idcat = 22, last visited 3 September 2013.

续表

作物			生产	
种子与保育	保育点选择	作物保护	收成及运输	保存、清洗及处理
11. 废弃物及污染管理，循环使用及重复利用				
12. 工人健康、安全及福利				
13. 环境问题				
14. 投诉建议				

资料来源：P. Greenhalgh, T. Wandschneider, J. Orchard, A. Graffham, and C. Coote, Market Access Manual to Facilitate the Growth of Mozambique's Horticultural Exports into European and Middle East Markets, PoDE Sector Strategic Initiative Project, Natural Institute, 2005, p. 37.

首先，只要存在欧盟的标准，GLOBAL. G. A. P. 必须直接援引。其次，某些欧盟成员国能够制定比欧盟更为严格及详细的标准。GLOBAL. G. A. P. 要求以及帮助成员国农民符合成员国之间相互的标准要求。最后，GLOBAL. G. A. P. 同时要求必须符合产地国的具体法律与法令。① 在实践中，某些主要出口国，例如南非、智利，以最为严格的标准规格进行操作，以保证它们所出口的产品在所有欧盟成员国能通行无阻。也正是基于该原因，作为必然的结果，这些国家的立法就都可能比欧盟的立法更为严格和详尽。也正是基于以上对 GLOBAL. G. A. P. 共有的了解和介绍，可得出结论，GLOBAL. G. A. P. 所设立的私人标准对发展中国家的产品出口至欧盟提供了便利，同时也使来自受到认证的发展中国家的产品更具竞争力和公信力。

另外 GLOBAL. G. A. P. 能对发展中国家的农业、转基因以及制造业的发展起促进作用。作为回报，被促进后的食品安全或者农业安全控制体系又使生产更为高效，从而减低成本，增加效率。同时，基于食品安全的需要，减少或者纠正农药的使用又能使环境以

① 参见 Grace Chia-Hui Lee, Private Food Standards and their Impacts on Developing Countries, (2006), Part VIII Legality of Private Food Schemes in the WTO, p. 8.

及工人健康受益，这些反过来也将促进整个食品生产体系处于良性循环状态，并最终赢得国际贸易利益。最后，由于GLOBAL. G. A. P. 以及BRC都是国际认可的标准，因此满足这些标准更能提升发展中国家生产商、供应商以及出口商的名声与口碑，长远来说必将使消费者信心增加。以UNCTAD的研究报告为例，① 也正是基于以上发展中国家丰富的经验，UNCTAD认同GLOBAL. G. A. P. 所具有的国际贸易的推进作用。其指出，某些位于津巴布韦的农民，接受以及欢迎GLOBAL. G. A. P. 私人标准并同时把该标准应用至所有的农作物中。相似的，肯尼亚的农民也同样认同GLOBAL. G. A. P. 认证所带来的优势。同时，也有很多出口商认可BRC标准以及监督程序。他们指出，BRC标准为肯尼亚的生产商、出口商以及供应商的行为提供了非常明晰及良好的指引。这些指引以及标准为肯尼亚以及津巴布韦的农民明晰了其行动标准。

2.2.2.2　私人标准有助于发展中国家提升国际贸易竞争力，促进国际贸易公平发展

世界银行2005年一份报告认为，"虽然崭新及严格的私人标准可能会成为贸易壁垒，但它们能更多地作为社会经济领域发展革新的助推器。更为严格的私人标准能促进产业链中的固定资产投资，流动资本从而也在一定程度上受惠。同时其也能为采取更为严格和具优势的安全以及质量控制措施提供发展动力。除了在一定程度上确实可能造成发展中国家的相对竞争力降低外，该标准的遵守过程其实也是提升发展中国家相对竞争力的过程。从长远看，这一过程所产生的优势也将会使发展中国家在今后国际竞争中处于更为有利的位置。"②

① 参见Henson, The Role of Public and Private Standards in Regulating International Food Markets, papers presented at the IATRC Summer Symposium Food Regulation and Trade: Institutional Framework: Concepts of Analysis and Empirical Evidence, May 2006, p. 30.

② 参见World Bank Report 2005, available at http://web.worldbank.org/WBSITE/EXTERNAL/EXTABOUTUS/EXTANNREP/EXTANNREP2K5/0, menuPK: 1397361~pagePK: 64168427~piPK: 64168435~theSitePK: 1397343, 00.html, pp. 121-123, last visited on 3 September 2013.

同时，其认为“发展中国家作为一个整体并不会成为 SPS 私人标准绑定后的受害者。但是对执行程序不同及保证遵守该标准遇到的技术及行政方面的困难，正影响着相当部分国家在高增值食品市场中的相对竞争力。规模更大、实力更强的供应商趋向于获得更为广阔的发展空间，同时也会得益于更具口碑的市场声誉。但是，有效的商业行为仍然成为分水岭。也有收入较低的国家中的组织管理良好的工业以及公司或者供应链在更为严格的标准前保持甚至增加其市场份额以及提升了竞争力”。① 最后，负责该报告的世界银行负责人指出，私人标准所适用的环境是负责的以及多元的，也不容易统一化，因此，私人标准作为贸易壁垒与贸易助推器之间的平衡应视不同市场与不同的产品而不同。②

正如瑞士政府在向 SPS 委员会所提交的报告中指出，发展中国家可通过积极参与及对私人标准制定程序进行投资等一系列行动从中获利，并且提升本国在该领域相关方面的标准技术水平，且此机会对于发展中国家来说还是相当真实以及具发展潜力的。与私人企业之间就标准的设定及执行已经构筑有良好沟通渠道以及协商平台的政府，已经表现出其在私人标准方面所具有的潜在的获益能力。③

① World Bank Report 2005, available at http://web.worldbank.org/WBSITE/EXTERNAL/EXTABOUTUS/EXTANNREP/EXTANNREP2K5/0, menuPK: 1397361~pagePK: 64168427~piPK: 64168435~theSitePK: 1397343, 00.html, p.122, last visited on 3 September 2013.

② 参见 World Bank Report 2005, available at http://web.worldbank.org/WBSITE/EXTERNAL/EXTABOUTUS/EXTANNREP/EXTANNREP2K5/0, menuPK: 1397361~pagePK: 64168427~piPK: 64168435~theSitePK: 1397343, 00.html, p.123, last visited on 3 September 2013.

③ 参见 Jaffee, Steve, Spencer Henson, Standards and Agrifood Exports from Developing Countries: Rebalancing the Debate, Volume 3348 of Policy Research Working Papers, World Bank, 2004. 亦可参见 O' brien, Tim and Alejandra Diaz Rodriguez, Improving Competitiveness and Market Access for Agrifood Exports through the Development and Application of Food Safety and Quality Standards: The Example of Peruvian Asparagus, InterAmerican Institute for Cooperation in Agriculture, 2004.

2.2.2.3　私人标准有助于简化第三方认证程序和减轻费用，促进国际贸易

欧盟在 2006 年委托李彩辉（Cai-Hui Lee）研究员关于私人食品标准所做的研究报告指出，私人标准能简化第三方认证程序这一特性导致发展中国家与欧盟的总体贸易额保持上升趋势。也正是从此角度出发，他们认为私人食品体系能够减少食品上的交易费用，鼓励出口。①

另外，在卫生与植物卫生 SPS 措施方面。美国发展组织②曾对卫生与植物卫生措施第三方认证与国际食品产业贸易之间的关系进行研究。其在报告中指出："对于谁支付第三方认证费用这一问题的回答很简单：产品供应商。但是所有美国零售商的代表均认为，由产品供应商支付此费用是合理的。当然很多人会认为在供应商支付该费用后，其会把该费用在商品销售链上传递下去，但是问题在于在当下国际贸易中，在如此之多的供应商以及消费者参与的消费链条中，这样的一种成本传承不可能而且不合理。认识到第三方认证费用相对昂贵，同时第三方认证也大大增加了供应商的成本负担，一些成员国试图找到一条让供应商免除不必要负担的路径。这就正是发展私人标准的一个重要原因。供应商只需要满足一个审计要求，而不需要满足多个审计要求，这就是一个有效减少供应商成本的方法。"③

---

① 参见 Cai-Hui Lee, Private Food Standards and their Impacts on Developing Countries, (2006), Part VIII Legality of Private Food Schemes in the WTO, p. 8.

② 参见 http://www.devdir.org/.

③ 参见 Jaffee, Steve, Spencer Henson, Standards and Agrifood Exports from Developing Countries: Rebalancing the Debate, Volume 3348 of Policy Research Working Papers, World Bank, 2004. 亦可参见 O' brien, Tim and Alejandra Diaz Rodriguez, Improving Competitiveness and Market Access for Agrifood Exports through the Development and Application of Food Safety and Quality Standards: The Example of Peruvian Asparagus, InterAmerican Institute for Cooperation in Agriculture, 2004.

因此，总体上说，成员国认为第三方认证的优势大于缺点。第一，第三方认证可以被用作一个市场方向标，用以促进相关企业商品的销售。第二，第三方认证使购买者能接触最大的零售链。因此，如果购买者想参与到这些市场中来，他们除了第三方认证外没有其他途径。因此，满足单一的审计要求使得认证程序简单化。而认证程序的简单化必将对国际贸易的发展与增长产生正面的影响。这些都使得私人标准在国际贸易中更具优势。

2.2.2.4 私人标准有助于增进产业链下游利益攸关者对产品的信心，促进国际贸易

私人标准能够从经济层面上带来一系列影响。其首先能够改变大众特别是消费者对产品的期待。产品安全的需求是随着人们生活模式、地理控制及经济水平的增长而随之发生改变的。消费者持续增长的对产品安全、质量以及生产工艺的关注催生了私人标准所要达至的目标。作为链接产品销售链的两端——消费者与生产者的中间者，零售商在整个产品交易中占有优势的地位，其能把消费者对于产品的关心与关注传递给生产者和制造者。也正是如此，一条产品价值链就异化成一个主要由消费者需要为主导的需求/供应链。其次，零售商市场力量。OECD 的报告指出，很多 OECD 国家的多数经济部门都曾经历从大型、低效企业模式向少而精的企业模式转变。① 自 20 世纪 90 年代以来，这一力量已转向食品链。零售部门已经成为主导整个产业的重要环节。零售部门日益增长的谈判能力与筹码，与科技进步和信息系统以及海陆空立体运输方面的技术进步一起，都对传统的供应与销售体系产生了重大的影响。按照市场经济学的观点，食品市场已经从卖方市场逐步踏入买方市场时代，竞争已经成为市场运行的常态化模式。国际性投资、全球竞争以及跨境商业往来已经使世界经济完全区别于之前的时代。有的学者认为这一结果实际上减少了消费者的购物选择，但是主要的生产商则

① 参见 Jaffee, Steve, Spencer Henson, Standards and Agrifood Exports from Developing Countries: Rebalancing the Debate, Volume 3348 of Policy Research Working Papers, World Bank, 2004.

可以从此获利。

2.2.2.5　私人标准保证了产品合法被上诉的权利，从而鼓励进口

私人标准保证了产品合法被上诉的权利。私人标准保证产品能够遵循合法途径提出申诉。一旦没有私人食品标准，产品供应商以及进口商就都不能保证其产品的标准是否超过官方或者其他标准的要求。一旦食品安全以及其他与病虫害相关的问题在边境食品进口时被检测出来，水果以及蔬菜的保鲜期就会被延迟，更有可能被欧盟成员国的有关当局销毁。① 更为严重的是，之前来自于该国供应商的产品会被全面回收和调查。成员国也可能针对该产品发出临时性或永久性的禁令，进一步使该产品的供应商以及进口商蒙受损失。所有这些措施都可能对出口国、供应商、进口商的名声造成沉重的打击，进而也会对消费者的信心造成影响并最终减少消费者购买此种商品或者购买来自于该国家、该进口商或者生产商产品的可能性。如果缺乏这些私人标准，供应商以及进口商都难以在权利受到损害时向生产商追溯损失。在最为极端的情况下，供应商还可能因此与进口商等一道被迫退出市场。②

正是基于以上原因，可以预见的是，一旦没有私人标准体系，发展中国家向欧盟出口的产品数量会下降，原因在于处于食品销售链下游的消费者必定会想减少任何买到不安全食品的风险。也正因为如此，才有部分学者认为私人标准能够对国际贸易起促进作用。正如前面所谈论到的，欧洲公司必须对它们所进口的产品负责。因此，它们寻求私人标准体系作为其已经履行适当注意（Due Diligence）义务的辩护理由，从而在法律上保护自身权益。如果没有私人标准以及相关的体系，食品零售商或者超级市场会进口比一

① 参见 Grace Cai-Hui Lee, Private Food Standards and their Impacts on Developing Countries,（2006）, Part VIII Legality of Private Food Schemes in the WTO, p. 8.

② 参见 Grace Cai-Hui Lee, Private Food Standards and their Impacts on Developing Countries,（2006）, Part VIII Legality of Private Food Schemes in the WTO, p. 8.

般食品安全标准更为严格的产品或者从执行更为严格食品安全标准的国家进口食品吗？答案似乎是否定的。因此，私人标准在一定程度上成为某些国家产品进入欧盟市场的通行证。

2.2.3 私人标准成为贸易障碍

相当发达国家乃至国际组织所提供的证据均表明，私人标准其实在更多时候是以贸易推进器的角色出现的，然而这并不能抹杀其作为贸易障碍的一面。

2.2.3.1 私人标准要求过高，造成贸易壁垒

首先，私人标准要求甚高。杜兰（Dolan）及汉弗莱（Humphrey）从2000年对肯尼亚青豆进行的研究表明，肯尼亚从20世纪70—80年代开始为英国市场生产青豆。但是到90年代，英国食品安全法案实施，零售商提出大量质量要求，通过私人标准对产品和农场进行的审核也随之出现。达不到要求的生产者被排除在供应链外，只有符合要求的生产者得以幸存。这一措施的直接后果是导致肯尼亚向英国的青豆出口急剧下滑。①

另外一个经常被引用，同时也成为经典的说明私人标准如何对发展中国家的市场准入造成负面影响的例子是哥伦比亚的花卉修剪产业。在该例子中，哥伦比亚的鲜花出口商就曾受到因为一个私人资源的环境标签计划（花卉标签计划）的采用与推广所带来的负面影响。该计划本质上而言就是一个私人自愿标准，其是一个由德国的非政府机构所领导的计划，意在限制使用有毒化学成分以及杀虫剂浇灌该出口花卉。②

回顾历史，哥伦比亚在全球花卉出口市场中占据举足轻重的地

① 参见 Spencer Henson, John Humphrey, The Impacts of Private Food Safety Standards on the Food Chain and on Public Standard-Setting Processes, Codex thirty-second session, FAO, WHO, Codex Alimentarius Commission, Rome, May 2009, p. 18.

② 更多关于该花卉标签的具体内容，请参见 http://www.flower-label-program.org.

位，花卉出口贸易额占全球花卉出口额的 10%，花卉出口也成为哥伦比亚第三大重要农业出口方式。当 2002 年至 2006 年期间哥伦比亚的花卉出口呈现迅猛上升趋势时，其对德国的出口则呈现相反状态，一直持续下降。这主要归因于德国市场中所适用的花卉标签计划私人标准的广泛普及及推广。也正是由于此原因，花卉标签计划遭到了哥伦比亚政府的强烈反对和谴责。哥伦比亚政府批评该体系所使用的环境标签的选取是随意的；该体系本身从根本上说就具歧视性质；为达致该体系标准的要求必须支付高昂的成本；同时该体系从根本上来说是“强制性质”的，因为任何不接受花卉标签体系标准的个人和私人企业都会被苛以难以承受的高强度“压力”。①

美洲农业合作研究院（IICA）最近发表的一份报告表明，② 乌拉圭、阿根廷、巴西深受私人标准对其产业的负面影响。该国 85%的农业生产者寻求满足私人标准的要求以获得进入其他国家市场的机会。圣文森特和格林纳丁斯及象牙海岸，都是传统的向欧盟出口数量众多的农产品国家，向欧盟出口农产品也因此成为这些小国经济的命脉及主要组成部分。无独有偶，根据世界银行的统计，圣文森特和格林纳丁斯以及象牙海岸，在 2012 年单月向欧盟出口的农产品金额就已经超过一百万美元。但是，近年来，这些出口都必须符合一系列私人标准，并因此对小型生产者产生了消极影响。同时，美洲农业合作研究院的报告表明，这些国家与巴拉圭之间的分歧严重。在巴拉圭，仅有 25%的生产者确认将会服从遵守私人食品标准。如此低的遵守率使得巴拉圭的出口从更为关注食品安全与质量的国家转移至其他要求相对较低的国家。但是，对于四个加勒比海国家的生产者而言，共通的是私人标准通常比官方所要求的

① 参见哥伦比亚政府向 WTO 环境贸易委员会所提交的报告，Environmental Labels and Market Access: Case Study of the Colombian Flower Growing Industry, WT/CTE/W/76, 9th March 1998.

② 参见 Jaffee, Steve, Spencer Henson, Standards and Agrifood Exports from Developing Countries: Rebalancing the Debate, Volume 3348 of Policy Research Working Papers, World Bank, 2004.

标准严格。

2.2.3.2 私人标准缺乏科学性，不符合透明度原则要求，对发展中国家不利

以SPS方面的私人标准为例，《SPS协定》要求SPS措施必须建基于科学原则之上，同时也不能在没有科学证据的基础上得以维持。但是私人标准的科学性则一直为外界所诟病和批判。由于其本质上属于一种私人自治的体制，因此从根本上说其行为不应受到大众的压力与批判。其与公权力以及公共机构的运行不同，其行为是一种完全自发的市场行为，是一种完全自发的私人商业行为，其目的也不需要向大众作出交代。由于私人标准化的过程大多数情况下不公开，不为大众所知道，其制定时所基于的标准也并没有向公众公开。

正因如此，私人标准在农业方面也给发展中国家造成了很大困扰。例如乌拉圭就在SPS会议上指出，《SPS协定》委员会应该把私人标准的问题及其对国际贸易所造成的影响列为优先解决的问题。乌拉圭是一个农业国，同时也是一个完全依靠农业出口的国家，其国民经济完全依赖于农产品的生产及出口。其国民经济增长、社会的发展以及国民福利待遇，都大部分取决于其农产品出口的表现。但是近年来由于受到“私人标准”的影响，其农产品出口受到了很大影响。因此乌拉圭完全同意其他成员国所认为的，私人标准不符合科学证明这一要求，同时也不符合透明度的要求，更有甚者，私人标准使得标准统一和谐的必要进程越加复杂和困难。这样也就导致它们感觉要遵守《SPS协定》中的原则及规则变得困难。其同时也认为，《SPS协定》措施委员会应该采取一切合理措施以及方法保障乌拉圭回合谈判后在《SPS协定》中所取得的艰难以及珍贵的在市场准入上的进步。

根据联合国贸易发展会议的调查报告，私人标准趋向对边缘化小型农民与生产者不利。调查还发现，在超过95%为小型农民组成的农业社区，该数字呈上升趋势，同时也增加了农村贫困及社会

分化，进一步削弱其参与国际竞争的能力。①

2.2.3.3　私人标准化对国际竞争产生负面影响，某些大型企业或跨国公司获得不正当支配地位

直至目前，全球有超过数以百千计的私人自愿标准存在于市场中。这些私人标准的数量以及市场占有额在过去十年正以前所未有的速度在增长。取决于市场以及标准的类别，常规市场的增长一般在 20% ~ 100%。不同领域的新兴私人标准的例子包括：GLOBAL. G. A. P. 已经从 2004 年的 18000 个证书所有者发展至 2012 年的超过 100000 个证书持有者。② 有机证书持有者已经从 1997 年市值 110 亿美元飙升至 2010 年的超过 500 亿美元。遵守私人自愿标准要求一定程度的组织与管理能力。发展中国家的商业者以及生产者，特别是小型商业者与生产者，与其他发达国家的跨国乃至大型公司相比，存在先天劣势。也正因为如此，私人标准给大型私人企业，特别是跨国公司所带来的好处要远比小型公司及企业的多。

以巴哈马为例，③ 巴哈马所面对的一个非常严重的问题在于当地公司，例如大型酒店、连锁饭馆以及食品进口商都在采用国际标准或私人标准。产生此结果的原因可能在于这些公司的国际母公司有上述规定。即使它们根据法律并不需要如此作为，但是出于保险目的或者国际认证的考量，需要为之付出大量的资金及其他代价。当然在巴哈马，其中一个主要向美国连锁餐馆供应海鲜的海鲜公司就认为私人公司应该更多地把私人标准看作一个机遇，但问题在于该事实背后更多的是私人公司不具备市场竞争力，仅仅由于它们所执行的标准不能达到要求。因此，在巴哈马看来，国际公司更为易于满足或者适应这些私人标准的要求。原因在于通过长时间的市场

① 参见 http://www.globalgap.org/org/cms/front_content.php? idcat = 22, last visited 3 September 2013.

② 参见 GLOBAL. G. A. P. GLOBALGAP "Facts and Figures", 2009, last visited 3 September 2013.

③ 参见 http://www.globalgap.org/org/cms/front_content.php? idcat = 22, last visited 3 September 2013.

磨炼、营销与调查，它们更为理解以及熟悉这些行业标准。同时，它们也具备更为雄厚的资金以及相关人力科技能力，通过转变管理模式以及结构满足这些标准的要求。这也使得它们可以更好地从适应私人标准的过程中获利，打压竞争对手。例如，一个由总部位于欧盟的公司所拥有的跨国公司就在收集材料以及其他方面比其他同样与美国以及加勒比伙伴合作的国内公司企业更为容易适应新的标准要求，原因在于该总部位于欧洲的跨国公司所执行的标准早已达到欧盟相关指令的要求。

其实早在2006年，联合国贸易与发展会议就曾对四个国家进入全球水果及蔬菜市场的市场准入问题做过研究及调研，意在反映私人标准对国际贸易所造成的影响。① 南非已经具有超过一百年向欧洲出口水果及蔬菜的经验，而智利也自20世纪80年代起在世界水果领域占据着重要地位。与二者相比，秘鲁在此领域则是新手。其在该领域内的经验仅仅超过十年，同时，也缺乏具高增值性的蔬果产品。而戛纳，则在经验以及产品两方面一直受到国内严格的控制与制约。因此，这也意味着它们必须依赖出口农产品以获利。此研究报告表明，这四国的小型企业在对私人标准的适应程度上远远落后于跨国企业甚至大企业。由于缺乏资金与技术，这些中小型企业更显得没有竞争力。

虽然该报告仅仅选取了少量的国家作为调研以及讨论的对象，其已经表明大型生产商以及出口商都能够适应私人标准的要求，较快就市场准入的要求作出转变。而对于小型生产商来说，情况则不同。原因在于相比于大型的生产商，它们面临着两大限制：首先，它们通常都缺乏基本技能，特别是教育或者更为基本的商业交易自由度。其次，它们通常受到资源短缺的限制。这些资源包括物质性以及资金性资源，例如土地以及设备等。

因此，总体上看，私人标准能够使小型的，不具竞争力的出口商从出口市场的汰弱留强格局中淘汰出去，即使是智利以及南非这

① 参见 OECD, Interaction of Public and Private Standards in the Food Chain, Working Party on Agricultural Policies and Markets, Sep, 2006, AGR/CA/APM (2006) 21, p. 22.

些国家。只有具备足够的经济以及技术性支持，同时也要有先进的监管体系和体制，小型的竞争者方有机会满足进入这些国家的私人标准所设定的市场准入门槛。因此，从上述给出的一点经验来看，把小型竞争者纳入全球价值交易链中确实是一个相当复杂的问题。但不可否认的是，私人标准使得具备竞争力的大型私人标准生产者更易独占市场，滥用市场地位。

2.2.3.4　符合私人标准所需要的经济成本过高，打击国际贸易动力

符合私人标准所需要的经济成本大致可以分为两大类：可回报性与不可回报性开支。① 可回报性开支指的是非一次性或短期临时的投资，其投资可以通过远期的收益获得弥补。不可回报性开支指的是一次性或者是具有时效性的投资，以满足符合私人标准的要求。这一类开支最为典型的包括升级实验设备以及处理流程，建立新的车间工艺流程，对专业技术人员的相关培训以及建立新的生产加工管理流程等。由于不同的公司、工厂或者农场具有不同的产品生产体系以及流程，因此此方面的成本也将会随着每个公司的情况不同而各异。当然，每个公司之前的准备工作及其在行业内的经验以及口碑等都会成为直接影响这一成本的重要指标。固定性开支会随着时间的推移而增长，这一部分的开支主要包括维持日常控制管理程序以及实验室实验系统，同时也包括年度的认证审计，详细的记录保存以及跟踪系统的执行，等等。在这些开支中，如同不可回报性开支一样，各项费用也会因为不同公司的不同状况以及第三方的收费标准不同而各异。例如第三方年度认证审计就有可能因为不同认证公司收费不同而不同。

因此，符合私人标准所需要花费的人力与财力要远远大于满足

① 参见 Grace Cai-Hui Lee , Private Food Standards and their Impacts on Developing Countries, (2006), Part VIII Legality of Private Food Schemes in the WTO, p. 8.

公共标准所支出的成本。① 企业需要投放更多的资源购买设备，增加配套设施，培训工人和管理人员等。这些成本可以是一次性投入成本，也可能是重复投入成本。一次性投入成本包括设备投资、基础设施建设以及培训。由于标准会随着经济与工业发展的变化而发生改变，因此还需要为继续满足标准进行必要的投资，例如维护或者控制上的开支，等等。而公共标准，与私人标准相比，其所具有的行业广泛适用性以及受众面防范性等特点，使得其无论是研发还是收益周期都远远比私人标准要短和回报大。因此，制定、采用乃至符合私人标准会使企业成本增加。②

2.2.3.5 行政以及技术的复杂性，增加了发展中国家符合私人标准的难度，不符合国际贸易公平原则

除了为了符合私人标准所需要投入的基本开支以及成本，行政以及技术的复杂性也是执行私人标准时所必须应对的问题。对于发展中国家来说，如果说上述的问题主要来源于资金上的不足，则行政以及技术上的复杂性则成为一个非资金性的挑战。私人标准广泛涉及最为尖端的技术，而其认证的行政程序又极其复杂、烦琐，这些都与发展中国家相对落后的技术水平及对规则相对落后的理解产生对比。

总之，法律不但要实现，而且要以每个人都能看见的正义的方式得以实现。程序正义是保证正义得以实现的必要步骤。综上所述，在笔者看来，私人标准除了在发达国家与发展中国家之间构筑了一道无形的非关税贸易壁垒，其本身在发展中国家之间也成为一件互相竞争的利器。在当下的国际经济关系中，从来就没有“永

---

① 参见 OECD, Interaction of Public and Private Standards in the Food Chain, Working Party on Agricultural Policies and Markets, Sep, 2006, AGR/CA/APM (2006) 21, p. 18.

② 参见 OECD, Interaction of Public and Private Standards in the Food Chain, Working Party on Agricultural Policies and Markets, Sep, 2006, AGR/CA/APM (2006) 21, p. 19.

远的朋友”，当然也不会存在“永远的敌人”。如果用权力政治学派的话来说，则是“世界只有永远的权力”。国家利益永远是构成国际关系，当然包括国际经济关系、国际贸易关系的唯一基石。遗憾的是，发展中国家的利益并非均衡，每个国家的发展水平以及对外贸易能力决定了其在国际贸易中所采取的策略不尽一致。旧有的国际经济格局并未被完全打破，WTO 框架内的 QUAR 四巨头仍然是当下国际贸易的主导力量。

第3章　WTO货物贸易体制下对私人标准的法律规制

2012年的《世界贸易报告》指出："私人标准所造成的影响正在WTO各相关协定委员会中引发热烈讨论。WTO是否应该在解决私人标准问题上扮演角色？如果是，应该扮演何种角色？对以上问题的回答将会越来越重要。"① 诚然，WTO的宗旨是"在提高生活水平和保证充分就业的前提下，扩大货物和服务的生产与贸易，按照可持续发展的原则实现全球资源的最佳配置……"② 在WTO体制内对私人标准适用而产生的潜在贸易问题应如何看待举足不前，各国政府也不愿把该问题推向一个更为政治化及敏感化的维度。③

---

① 参见 World Trade Report 2012. p. 8., available at http://www.wto.org/english/res_e/publications_e/wtr12_e.htm, last visited on 2 September 2013.

② 参见《马拉喀什建立世界贸易组织协定》序言部分。Avaiable at http://www.wto.org/english/docs_e/legal_e/04-wto_e.htm, last visited on 3 September 2013.

③ 例如直至2004年，环境标签问题一直是WTO贸易与环境委员会讨论事项，虽然讽刺的是该委员会并无正式的谈判权力，其仅作为讨论环境问题的场所。但随着问题的推进与深入，代表对环境标签及标准问题达成了基本一致。其认为只要上述标准以透明的方式进行则可。然而对于自愿标准及标签，各国在达成一致意见上存在较大分歧。欧盟等成员对该问题的解决也不了了之。参见 Samir R. Gandhi, Voluntary Environmental Standards: The Interplay Between Private Initiatives, Trade Rules And the Global Decision-Making Process, presented at the 3rd Global Administrative Law Seminar, Viterbo, June 15-16, 2007, pp. 13-17; Carlos Lopez-Hurtado, Social Labelling and WTO Law, Journal of International Economic Law, 2002, p. 724.

讨论 WTO 货物贸易体制下对私人标准的法律规制实有必要。

对标准何以影响多边贸易的关注源于《关税与贸易总协定》时期。① 早在《关税与贸易总协定》时期，《GATT1947》中已有与技术法规及标准相关的条款。② 1979 年，32 个《关税与贸易总协定》缔约国所签订作为东京回合最终文本的《TBT 协定》则是在《关税与贸易总协定》基础上就标准问题进行丰富。③ 1995 年世界贸易组织的成立，则再次为《TBT 协定》的修改提供契机，同时，新制定的《SPS 协定》与《TBT 协定》一道，共同构成 WTO 多边货物法律体制对技术性贸易壁垒规定的法律蓝本基础。④

在 WTO 货物贸易法律范畴内对私人标准规制与调整的法律纪律包括 GATT 以及最为相关的《TBT 协定》和《SPS 协定》。两个协定丰富了多边贸易体制对自由贸易与基于安全等其他原因例外的法律条款与实践。⑤ 根据特别法由于一般法的法理，《TBT 协定》与《SPS 协定》效力优先于《GATT1994》适用。在该报告中，专家组援引欧共体香蕉案上诉机构的观点，认为当两个 WTO 涵盖协定同时适用时，专家组必须首先考虑更为具体适用的协定，之后再考察更为一般的协定。⑥

---

① 参见 John. H. Jackson, The World Trading System: Law and Policy of International Economic Relations, 2nd edition, The MIT Press, 1997, p. 25.

② 参见 Carlos Lopez-Hurtado, Social Labelling and WTO Law, Journal of International Economic Law, 2002, p. 724.

③ 参见 John. H. Jackson, The World Trading System: Law and Policy of International Economic Relations, 2nd edition, The MIT Press, 1997, p. 27.

④ 转引自 Arkady Kudryavtsev, Private Standardization and Interantional Trade in Goods: Any WTO Law Implications for Domestic Regulation? Paper presented at the Soceity of International Economic Law Third Biennial Global Conference.

⑤ 参见 John. H. Jackson, The World Trading System: Law and Policy of International Economic Relations, 2nd edition, The MIT Press, 1997, p. 28.

⑥ WTO General Interpritive Note to Annex 1A, available at http://www.wto.org/english/docs_e/legal_e/05-anxla_e.htm. last visited 3 September 2013; WTO Panel Report, European Communities-Trade Description of Sardines, WT/DS231/R, Sep, 2002, para. 7.15。

3.1 一种批判——把私人标准行为归为政府行为理论的悖论

就私人标准于现有WTO货物贸易框架下的规制问题，有观点主张，WTO法律体系下对私人标准的调整可通过国家责任的相关习惯国际法或联合国《国家对国际不法行为的责任》草案得以实现，认为可通过《国家对国际不法行为的责任》习惯规则①把私人标准行为归结为国家行为，从而进入《GATT1994》《SPS协定》或《TBT协定》的调整范围。② 甚至有观点认为，"《国家对国际不法行为的责任》条款草案中的某些规则模式"重申已有习惯国际法，WTO争端解决机构于过往审理的案件中基本遵循了该国际习惯。事实是WTO争端解决机制及GATT专家组在过往案件中对政府行为与私人行为之间的界限给出意见。在Japan-Measures Affecting Consumer Photographic Film and Paper (Kodak/Fuji) 案中，专家组重申了GATT专家组在Japan-Trade in Semicondctors案中所陈述的观点，指出若要把私人措施归为成员国家的行为，从而受到GATT法律规则规制，必须要证明有足够的政府参与或干涉。其指出，正如上述考察的GATT判例，GATT或WTO的法律规则总体上并不意在指向私人行为，只在该私人行为作为国家行为的假装时方会例外适用。该案专家组指出："政府行为与私人行为之间并无

---

① 参见Responsibility of States for International Wrongful Acts, prepared by the International Law Commission, annexed to General Assembly resolution A/RES/56/83, 28 January 2002, art 4 and 5.

② Samir R. Gandhi, Voluntary Environmental Standards: The Interplay Between Private Initiatives, Trade Rules And the Global Decision-Making Process, presented at the 3rd Global Administrative Law Seminar, Viterbo, June 15-16, 2007, pp. 13-17; Carlos Lopez-Hurtado, Social Labelling and WTO Law, Journal of International Economic Law, 2002, p. 724; Carmen Otero Garcia-Castrillon, Private Parties under the Present WTO (Bilateralist) Competition Regime, 35 Journal of World Trade 1, February 2001, pp. 99-122.

明确的区分规则（bright line rule），要在私人行为这一问题上作出一个明确的判定是十分困难的。”随后，在 Korea-Measures Affecting Imports of Fresh, Chilled and Frozen Beef 案中，专家组确认“每一个案件都应该根据‘具体情况具体分析’，并在此基础上作出判断。在作出判断同时，要以‘是否存在足够的政府参与’为前提”。但该案专家组并未就何为足够的政府参与给予明确解释。显然，上诉机构在 Korea-Measures Affecting Imports of Fresh, Chilled and Frozen Beef（Korea-Beef）案中的判决表明在国际贸易中政府主体与私人主体之间互动的存在可能。因此，虽然上诉机构并没有直接指出在何种情况下私人行为可以被视为具备足够政府行为特性，并因而受到 GATT 以及其他相关国际贸易法律规则的规制，但是其明确指出完全的私人行为是不需要受到 GATT 规则的调整的。也正是在此背景下，该案专家组为何为“完全私人”行为留下了悬念和缺口。综合上述 WTO 专家组及上诉机构在这几个案件中的意见，笔者针对私人行为在 WTO 法律规则下的规制作出以下几点认识和结论：首先，需要确定的是，以上诸多 GATT 以及 WTO 的案件都表明了私人行为必须在得到政府参与或以某种方式的支持情况下方能成为 GATT 或 WTO 的调整对象。其次，不同案件中政府参与程度的不同决定了每个案子区别于其他案子的特定因素，但是这些因素主要还在于考察具体案件中的文化、社会以及其他各个综合因素。更为重要的是，这些案件的事实都表明了 GATT 以及 WTO 不调整完全性质上属于私人的行为。① 他们论证的逻辑在于私人标

① 参见 Arkady Kudryavtsev, Private Standardization and Interantional Trade in Goods: Any WTO Law Implications for Domestic Regulation? Paper presented at the Soceity of International Economic Law Third Biennial Global Conference. 分别参见 Panel Report, Japan-Measures Affecting Consumer Photographic Film and Paper (Kodak/Fuji), WT/DS44/R, 31 March 1998; Panel Report, Korea-Measures Affecting Imports of Fresh, Chilled and Frozen Beef, WT/DS161 & 169/AB/R, 2001; Panel Report, Argentina-Measures Affecting the Export of Bovine Hides and the Imports of Finished Leather, 2000, WT/DS/155/R.

准行为在有政府参与时方能被规制。① 由于私人标准本质上属于私人行为范畴，故也有相当部分学者认为，WTO 应把其对国际贸易的调整范围通过国家责任条款延伸至其领域。② 总之，该理论的核心并非在于讨论 WTO 法律体系对私人标准的规制问题，而是研究该体系对异化成政府行为的私人行为的规制可能。

诚然，《GATT1994》③ 对世界贸易组织成员方所采取的可能影响国际贸易正常自由的措施作出规制。《GATT1994》中相关的规定包括禁止对外国"同类产品"进行歧视；同时其也有禁止在国内与国外"同类产品"或者直接具有竞争性的产品间进行歧视以及对所实施的贸易法律、法规和行政性决定的透明度、统一度、连贯度以及合理性的规定，这些规定集中体现在第十条上。值得一提的是，GATT 第二十条为为了保护公共健康、公共秩序以及行将枯竭的自然资源所实施的进出口贸易限制措施提供了正当性理由，当然《GATT1994》中的这些理由显得十分笼统和原则。④ 另外，根据第二十条原则性部分的相关规定，这些措施不能实际上构成歧视

① 参见 Samir R. Gandhi, Voluntary Environmental Standards: The Interplay Between Private Initiatives, Trade Rules And the Global Decision-Making Process, presented at the 3rd Global Administrative Law Seminar, Viterbo, June 15-16, 2007, pp. 13-17; Carlos Lopez-Hurtado, Social Labelling and WTO Law, Journal of International Economic Law, 2002, p. 724; Carmen Otero Garcia-Castrillon, Private Parties under the Present WTO (Bilateralist) Competition Regime, 35 Journal of World Trade 1, February 2001, pp. 99-122.

② 参见 Carmen Otero Garcia-Castrillon, Private Parties under the Present WTO (Bilateralist) Competition Regime, 35 Journal of World Trade 1, February 2001, pp. 99-122.

③ GATT1994 是 GATT1947 的实际继承者，包括对 GATT1947 一系列的修正、修改、解释以及法律解释。

④ 参见 Joost Pauwelyn, Non-Traditional Patterns of Global Regulation: Is the WTO 'Missing The Boatt'? presented at the European University Institute, Florence, 24-25 September 2004, Conference on Legal Patterns of Transnational Social Regulations and Trade, p. 21.

或者不合理的歧视以及不合理地限制自由贸易。① 而《TBT 协定》与《SPS 协定》应被视为对《GATT1994》第二十条关于例外条款的扩展与适用。有所区别的在于《SPS 协定》仅局限于与动植物卫生有关的例外，而《TBT 协定》则是除《SPS 协定》外所囊括的所有例外。因此，诸如《GATT1994》国民待遇及最惠国待遇条款、《SPS 协定》及《TBT 协定》相关条款，均可以成为调整技术性贸易壁垒所导致的贸易扭曲行为。

正如许多著名国际贸易法学者均认可，当下 WTO 法律体系就针对非国家行为，笔者理解为主要是私人行为均无任何法律规则可言。WTO 法律体系如同其他一般国际法体系仅对国家行为作出调整。②

首先，如同鲍威林教授所言，WTO 法律体系并不存有任何针对非国家行为体规制的规范，一切取决于国家授予利益（Confer Previlige）或代国家行使权力的非国家行为体均被认为是国家政府行为的代表，其行为本质上与国家或政府行为并无不同。③ 在私人标准方面，自 1995 年 WTO 成立来，WTO 争端解决机制并未作出任何运用最惠国待遇或国民条款审理与私人标准有关判决。GATT 专家组过往曾在吞拿-海豚案的专家组报告中涉及该条款及私人标准。在该案中，申诉方要求专家组就包括环境标签产品及于捕鱼时使用环境友好渔网等多种环境要求的合法性作出判决，然而 GATT

① 参见 Carmen Otero Garcia-Castrillon, Private Parties under the Present WTO (Bilateralist) Competition Regime, 35 Journal of World Trade 1, February 2001, pp. 99-122.

② 参见 Joost Pauwelyn, Non-Traditional Patterns of Global Regulation: Is the WTO 'Missing The Boatt'? presented at the European University Institute, Florence, 24-25 September 2004, Conference on Legal Patterns of Transnational Social Regulations and Trade, p. 21.

③ 参见 Joost Pauwelyn, Non-Traditional Patterns of Global Regulation: Is the WTO 'Missing The Boatt'? presented at the European University Institute, Florence, 24-25 September 2004, Conference on Legal Patterns of Transnational Social Regulations and Trade, p. 22.

专家组并未对该问题作出正面回应。专家组认为：首先，美国《海豚保护消费者信息法》中的环境标签体系不能被视为构成市场限制措施，原因在于其并未限制任何不符合该环境标签体系的生产者于市场销售其产品的权利。其次，其并未建立任何意在获得政府资助而必须符合的要求，而事实是《海豚保护消费者信息法》完全基于消费者的自由选择，并非一种政府的利益输送。① 专家组的回答一直强调政府利益输送与私人行为不同。② 因此，可以认为，该案 GATT 专家组仍然把关注点落在政府行为上，而私人标签仅是一种政府利益输送的代表形式。

其次，以笔者研究所得，当下世界上所存在的大多数私人标准仅仅为纯粹意义上的私人标准，并不掺杂任何政府的行为或干预。如同欧盟在 SPS 委员会上所明确，GLOBAL. G. A. P 完全属于私人行为，也并没有任何证据表明欧盟在 GLOBAL. G. A. P 的制定或适用过程中有任何政府的参与。因此，对于大多数私人标准而言，其不属于 WTO 法律制度因而不能通过将其上升为国家行为而进行管辖。笔者通过对 GLOBAL. G. A. P 官方网页有关信息的查询，也没能发现该标准在制定过程中渗入任何政府的参与与支持。③ 国家仍是当下国际法律关系构成的基本主体，特别是 WTO 多边贸易法律体制下的权利与义务承受者。虽然随着国际法人本化的加剧，私人主体包括个人在某些领域已经成为国际法的调整对象，享有一定的权利与承担一定的义务，特别是在国际刑法以及人权法方面，但是这样的趋势并没有从根本上改变传统的国家是“国际法律关系”中权利行使者与义务承担者的基本格局。特别是建基于

① 参见 GATT Panel Report, United States-Restrictions on Imports of Tuna, Report of the Panel, GATT Doucument DS21/R, 3 September 1991, unadpoted, BISD40s/155, para. 5.41-5.44.

② 参见 WTO Appellate Body Report, the United States-Import Prohibition of Certain Shrimp & Shrimp Products, WT/DS48/AB/R, 12 Octorber 1998 (Shrimp-Turtles Case).

③ 参见 http://www.globalgap.org/org/cms/front_content.php? idcat = 22, last visited 3 September 2013.

《GATT1947》的《GATT1994》，这一基础更为明显。因此，按照上述的推论，《GATT1994》条款中所创设的权利与义务，其所指向的对象是国家，直接调整的是国家所采取的相关措施。

因此，以私人标准规制问题论证政府参与度的论证方式会变成一种悖论，因为在论证私人标准受到政府参与或支持时我们也就不再讨论私人标准问题，而是讨论政府行为问题。正确的路径当是论证 WTO 涵盖协定条款能否直接对私人标准进行调整。

3.2　《SPS 协定》对私人标准的规制

3.2.1　背景与历史：SPS 委员会视野下的私人标准

SPS 委员会是 WTO 各委员会中最早讨论私人标准的委员会，也是私人标准对国际贸易可能产生扭曲作用论断第一次提出的场所。全球化以来，对于食品安全、动植物检验检疫等方面的要求均在不断提高，私人标准也成为当中一个能对其产生影响的现象。

在 SPS 委员会定期会议中，WTO 成员对私人标准所造成的一系列问题提出关注。① 他们关心他国所采取的 SPS 措施是否比所需要的保护设立更为严格的标准，该保护措施是否必要？2005 年，圣文森特和格林纳丁斯针对欧盟所采取的 GLOBAL. G. A. P. 体系中对香蕉进口所采取的严格标准提出了质疑，同时要求欧盟就“欧洲食品连锁安全体系”所设立的标准与欧盟官方标准之间的相互关系作出澄清。与此同时，其他发展中成员国也注意到该问题，纷纷指出此标准潜在影响发展中国家向欧盟香蕉出口的利益。欧盟

① 例如私人标准并非总是基于科学技术。它们与政府标准或者国际标准并非统一。这些标准数量众多，受众群体众多，缺乏统一与共同认可。需要高成本以进行认证和确定。缺乏透明度，对于该标准的制定与协商程序不透明，仅关注何种标准应该被使用而并非使用该标准的后果为何。对于小型或者中性企业，对于发展中或者不发达国家的出口商而言，它们施加不合理的负担。详细内容参见 WTO，Committee on Sanitary and Phytosanitary Measures，Private Standards and the SPS Agreement，Note by the Secretariat. G/SPS/GEN/746，24 January 2007.

在回复中认为“欧洲食品连锁安全体系”所设立的标准并非欧盟官方标准，即使该标准超越了欧盟官方标准的规定，由于其本质上属于私人标准，毕竟并非欧盟力所能及的范围。

自此以后，私人标准问题成为每次 SPS 委员会定期会议所讨论的固定内容。出于成员国的要求，SPS 委员会秘书处为此举办了两次非正式的信息通气会：第一次在 2006 年 10 月，“欧洲食品连锁安全体系”以及联合国贸易与发展会议代表参与列席。第二次由联合国贸发会议与世界贸易组织于 2007 年 10 月联合举办。借此机会，许多私人标准制定者以及私人标准组织向 SPS 委员会以及世贸各成员国提供了私人标准的有关信息。无独有偶，有的参会人员也对私人标准在不同行业以及方面所造成的正面、负面影响从案例分析的角度作出分析。这些都表明私人标准在国际贸易中不只是一个新兴甚至零碎的问题，而是一个各成员国都关心的问题。同时不同的案例分析也反映了不同成员国在解决私人标准所产生问题时不同的策略与侧重点。例如，相当多国家都已经制定有本国的“食品连锁安全体系”标准，这些标准在不同的阶段由不同的政策层级实施。WTO 成员方已经同时认识到私人标准问题的教育性与问题性。①

往后，SPS 委员会秘书处在私人标准问题处理上的主要经历了四个阶段：第一阶段，SPS 委员会秘书处于 2008 年 5 月就与 SPS 相关的私人标准向成员国分发问卷，征求各成员国意见。该问卷希望从成员国中得到关于相关成品以及市场，相关私人以及国际标准，私人标准所产生的贸易影响以及一系列相关问题的信息。目前这一阶段已经得以完成。第二阶段，在 2009 年 6 月 15 日，秘书处又向 22 个成员国分发了 40 份问卷回答的文件。在 2009 年 6 月底，SPS 委员会根据所收到回复中所关注的问题召开大会进行了讨论。一些国家在委员会大会开会后不久就某些问题持续提交了书面意见。相关各方都已经就 SPS 视野下的私人标准的定义、范围、对

① 参见 WTO, Committee on Sanitary and Phytosanitary Measures, Private Standards and the SPS Agreement, Note by the Secretariat. G/SPS/GEN/746, 24 January 2007.

国际贸易的作用、可能做出的规制等问题作出了讨论。但是目前还没有形成任何具有法律拘束力的决议。第三阶段，成员国要求 SPS 委员会准备相关的文件以提供可能解决该问题的方法。① 瑞士以及美非国家成员（MERCOSUR）包括阿根廷、巴拉圭以及乌拉圭均认为私人标准可对国际贸易造成负面影响②。在随后的委员会会议上，委员会主席邀请成员国于 2009 年 12 月前向秘书处提交书面意见，突出成员国各自认为在委员会范围内应该讨论的关于私人标准问题。作为结果，秘书处收到九个成员国以及一个观察员组织的书面意见。③ 第四阶段，2011 年 3 月，SPS 委员会在与其成员讨论协商的基础上所成立的私人标准的特别委员会发表研究报告，建议

① 其实动物卫生法典委员会早在其 2009 年 6 月召开的第三十二届年会上就已经考虑到私人标准这一问题。一个由联合国粮农组织与世界卫生组织联合发布的关于私人食品安全标准对食品链以及对公共标准设定程序影响的报告也同时在本次年会上发布。参见 WTO, Committee on Sanitary and Phytosanitary Measures, Possible Actions for the SPS Committee Regarding Private SPS Standards, G/SPS/W/247/Rev. 1, 5 March 2010.

② 参见 WTO, Committee on Sanitary and Phytosanitary Measures, Voluntary Standards, Submission by Switzerland, G/SPS/GEN/967, 20 October 2009.

③ 参见 WTO, Committee on Sanitary and Phytosanitary Measures, Possible Actions for the SPS Committee Regarding Private SPS Standards, G/SPS/W/247/Rev. 1, 5 March 2010. 其实，在 SPS 委员会的讨论中，成员都被问及这样一个问题："如果将来有一份研究表明，在特定情况下，私人标准的相关要求已经超过了国际标准的要求，SPS 委员会可以力所能及的又是什么？" 对于该问题，SPS 委员会简短作出了以下的回答："很多具体的措施都能被视为对这一问题的解答。有人建议该措施应该马上公开以保证不仅只有私人标准设立机构，而且大众也应得悉该标准的最终结论和相关要求。这也包含其他方面的要求：分析该私人标准超越国际标准的合理性与原因，判断其是否具有任何歧视性因素（例如该私人标准仅仅基于原产地而适用），判断该私人标准背后是否有相应的价格补偿作为后盾或者更高的标准是否增加了额外的市场机会；是否有制定相关的指引以保证政府控制或者垄断私人标准；监察私人标准制定组织；与相关政府机构、消费者组织以及其他利益攸关者召开研讨会共策解决方案，等等。后者是本质性关键，因为这直接影响世界贸易组织宗旨能否得以实现。" 但是至今，还有很多成员认为客观、详尽地分析 SPS 协定与私人标准之间的关系是十分必要和有用的。

SPS 委员会就与 SPS 私人标准相关的六个问题进行讨论。同时，该报告也明确了 WTO 成员方关于私人标准是否属于 SPS 协定调整范围内这一问题所产生的广泛争议与意见不合，认为委员会应该在不减损 WTO 成员方对 SPS 协定适用范围的理解的基础上把私人标准相关问题纳入讨论范围。①

3.2.2 《SPS 协定》对私人标准的规制

有的观点认为常规的卫生与植物卫生检验检疫措施与私人自愿的卫生与植物卫生检验检疫措施的要求相比，《SPS 协定》的意图在于规制成员国而非私人实体的与之相关的措施。② 事实是由于《SPS 协定》是在私人标准在卫生与植物卫生领域中大范围扩散前进行谈判和商议的，因此该协议从本质上并没有把所要规制的对象直接落到私人标准的制定者上。③《SPS 协定》是基于传统的国家作为国际法主体对卫生以及植物卫生检验检疫所可能存在的风险上做出规制的。④ 正是在此角度上，自律性规则、私人标准体系以及市场购买的准则应该被视为市场经济进行调整的范围，而并非 WTO 法律体系所要指向的对象。市场经济能够通过其自律以及规律性的调节机制，在追逐利益最大化以及效益最大化的前提下对资

---

① 参见 WTO, Committee on Sanitary and Phytosanitary Measures, Committee Report of the Ad Hoc Working Group on SPS-Related Private Standards to the SPS Committee, G/SPS/W/256, Geneva, 3 March 2011.

② 参见 WTO, Committee on Sanitary and Phytosanitary Measures, Report of the Ad Hoc Working Group on SPS-Related Private Standards to the SPS Committee, G/SPS/W/256, Geneva, 3 March 2011.

③ 参见 WTO SPS Committee, Report of the Ad Hoc Working Group on SPS-Related Private Standards to the SPS Committee, G/SPS/W/256, Geneva, 3 March 2011.

④ 参见 Joost Pauwelyn, The WTO Agreement on Sanitary and Phytosanitary (SPS) Measures As Applied In The First Three SPS Disputes, EC-Hormones, Australia-Salmon and Japan-Varietals, Journal of International Economic Law 1999, 2 (4), pp. 641-664;

源进行分配。① 毫无疑问，这些都是正常的市场行为，也为大众所接受。但是，由于市场有其局限性，其在一定条件满足的情况下会出现市场失灵的现象，因此，经济参与者在市场运行过程中就不可能对所有将会影响的部门或个体进行考虑。②

但是以笔者的角度视之，对其进行讨论还是有其重要意义的。与私人标准在《SPS 协定》下规制相关的主要体现在以下几条该协定的法律规定上。这些条款分别规定如下：

SPS 协定第十三条　实施

各成员国有责任全面履行本协定中规定的所有义务。各成员应制定和执行积极的措施和机制，以支持中央政府机构以外的机构遵守本协定的规定。各成员应采取现有的合理措施，以确保境内的非政府机构以及境内有关实体是其成员的地方机构，遵守本协定的相关规定，此外，各成员不应采取产生直接或间接地要求或鼓励这类地方或非政府机构，或地方政府机构以不符合本协定规定的方式行事影响的措施。各成员应保证只有在非政府机构遵守本协定规定的前提下，才能依赖其提供的服务实施动植物检验检疫措施。③

---

① 虽然利益动机并非由非政府组织所设定的自愿标准的目的，但是这些标准通常也反映了关于自由平等贸易、环境保护以及动植物健康的关注，而非动植物检验检疫的风险。因此这些不在本书的讨论范围以内。

② 正如 2005 年的《世界贸易报告》所指出的："公共标准与私人标准的区别并非在于标准是否为公法所规制，而在于标准制定以及执行时，考虑的是公共的还是私人的利益。在公共标准的例子下，可以推论经济生活中的所有参与者的利益都得到了考虑和照顾。这也就意味着所有公司的利益以及消费者的福利都被考虑到。而在私人标准的情况下，情况则有所不同。所要考虑的仅是私人公司的利益。取决于不同的情况，私人公司将会根据是否盈利来作出选择和决定。" WTO 秘书处，《2005 世界贸易报告》：Exploring the links between trade, standards and the WTO (World Trade Organization, Geneva), 30 June 2005, pp. 32-33. available at http://www.wto.org/english/res_e/booksp_e/anrep_e/world_trade_report05_e.pdf, last visited 3 September 2013.

③ 参见《SPS 协定》第十三条。Avaiable at http://www.wto.org/english/tratop_e/sps_e/spsagr_e.htm, last visited 3 September 2013.

第一条　总则①

1. 本协定适用于所有可能直接或间接影响国际贸易的动植物检验检疫措施，这类措施应按照本协定的规定制定和实施。

2. 为本协定之目的，附件一中规定的定义都适用。

3. 各附件是本协定不可分割的组成部分。

4. 对不在本协定范围的措施，本协定不应影响成员在技术性贸易壁垒协议项下所享有的权利。

附件一②

1. 动植物卫生检疫措施——指任何一种措施，用以：（a）保护成员境内的动物或植物的生命或健康免受虫害、病害、带病有机体或致病有机体的传入、定居或传播所产生的风险；（b）保护成员境内的人类或动物的生命或健康免受食品、饮料或饲料中的添加剂、污染物、毒素或致病有机体所产生的风险；（c）保护成员境内的人类的生命或健康免受动物、植物或动植物产品携带的病害或虫害的传入、定居或传播所产生的风险；（d）防止或限制成员境内因虫害的传入、定居或传播所产生的其他损害。动植物卫生检疫措施包括所有有关的法律、法令、规定、要求和程序，特别包括最终产品标准；加工和生产方法；检测、检验、出证和批准程序；检疫处理，包括与动物或植物运输有关或与在运输途中为维持动植物生存所需物质有关的要求在内的检疫处理；有关统计方法、抽样程序和风险评估方法的规定；以及与食品安全直接相关的包装和标签要求。

在这些条款中，第一条与附件一一道，共同构成了定义《SPS协定》的范围基础。而《SPS 协定》第十三条则是关于该协定的实施问题的。除了对 WTO 成员方落实该协定苛以相应的义务以

① 参见《SPS 协定》第一条。Avaiable at http://www.wto.org/english/tratop_e/sps_e/spsagr_e.htm, last visited 3 September 2013.

② 参见《SPS 协定》附件一第一条。Avaiable at http://www.wto.org/english/tratop_e/sps_e/spsagr_e.htm, last visited 3 September 2013.

外，其在该条款的第三四五句话中特别强调了成员国就“非政府机构”落实该协定所要履行的相应义务。从以上两句话中可以看出，《SPS 协定》可能对“非政府机构”的行为作出了相应的规制。但是我们所要解决的问题则是，要解决私人实体设立或者实施标准的行为是否受该协定调整，我们必须解决三个问题：（1）诸如连锁超市对其产品供应商所提出的要求以及措施等私人标准化行为是否构成该协定中 SPS 措施？（2）“非政府机构”的含义是什么？（3）《SPS 协定》第十三条中所指的“合理措施”为何？只有对此三个核心问题作出满意回答，才可能对《SPS 协定》能否对私人标准进行规制这一问题作出满意回答。

3.2.2.1　如何界定“非政府机构”（Non-Governmental Entities）

从法律文本角度而言，《SPS 协定》并没有对“非政府机构”作出明确定义。同时，WTO 争端解决机制的裁决至今也没有对《SPS 协定》中的“非政府机构”作出明确的解释，同时其他协定关于这一问题的判例也非常有限，① 但可借用《TBT 协定》对“非政府机构”的定义作为参考。②

正是在此基础上，相当部分学者认为，《SPS 协定》第十三条中的“非政府机构”的概念应从广泛意义上进行解释，其应该包

---

① 转引自 Arkady Kudryavtsev, Private Standardization and Interantional Trade in Goods: Any WTO Law Implications for Domestic Regulation? Paper presented at the Soceity of International Economic Law Third Biennial Global Conference. 同时也可参见 Donal Casey, Private Food Safety and Quality Standards and the WTO, 7 University College Dublin Law Review 65, 2007; Marijke Smit, Food Safety Private Standards and Their Implications For International Trade: A Response Under The SPS Agreement, Paper Presented at the 2012 American Society of Internatinal Law International Economic Law Interest Group Beninial Conference, Washington. D. C.

② 参见 Donal Casey, Private Food Safety and Quality Standards and the WTO, 7 University College Dublin Law Review 65, 2007, p. 80. 《TBT 协定》附件一第八款对“非政府机构”的界定为：“非中央政府和地方政府，包括具有合法权力实施技术法规的非政府机构。”

括一切不构成正式政府机构组织形式的实体。① 另一种观点则支持一种相对狭隘的解释，认为该措辞仅仅是指“得到政府支持或代表政府行使法律权力的非政府机构”②。例如有学者认为，若《TBT 协定》附件一第八款中“非政府机构”的含义包括全部“非政府机构”，当然也包括私人标准制定机构，而不需要区分该类“非政府机构”机构是否具有执行落实技术规则的权力，则逗号后的内容均是毫无意义的，《TBT 协定》起草者也无必要明确逗号后的内容。③ 细化其观点，即该条款逗号后的措辞意在限定逗号前内容的广泛性。无独有偶，李彩辉（Caihui Lee）及欧盟均从《TBT 协定》对“非政府机构”的定义出发，同时考虑到《SPS 协定》宗旨及文义，认为“非政府机构”“并非单个经济个体或众多个体的联盟，而是得到政府授权从事特定行为或就发展及落实《TBT 协定》或《SPS 协定》相关规则拥有特殊法律地位的实体”。④ 但是也有学者持居中观点，认为《SPS 协定》第十三条中的“非政

① 参见 Marijke Smit, Food Safety Private Standards and Their Implications For International Trade: A Response Under The SPS Agreement, Paper Presented at the 2012 American Society of Internatinal Law International Economic Law Interest Group Beninial Conference, Washtington. D. C. p. 18.

② 参见 Spencer Henson, The Role of Public and Private Standards in Regulating International Food Markets, Food Regulation and Trade: Institutional Framework, Concepts of Analysis and Empirical Evidence, IATRC, Bonn, Germany, May 28-30, 2006, pp. 28-29; Joost Pauwelyn, Non-Traditional Patterns of Global Regulation: Is the WTO ‘Missing The Boatt’? presented at the European University Institute, Florence, 24-25 September 2004, Conference on Legal Patterns of Transnational Social Regulations and Trade, p. 22; Arthur E. Appleton, Supermarkets Labels and the TBT Agreement: Mind The Gap, Business Law Brief, 2007, p. 11.

③ 参见 Arthur E. Appleton, Supermarkets Labels and the TBT Agreement: Mind The Gap, Business Law Brief, 2007, p. 11.

④ 参见 Grace Chia-Hui Lee, Private Food Standards and their Impacts on Developing Countries, (2006), Part VIII Legality of Private Food Schemes in the WTO, p. 34.

府机构”应该同时从广义以及狭义两个方向进行解释。① 在广义的层面上，该观点认为广义的解释是该措辞的原来含义。相应地，在没有其他相反措辞或情况时，认为除非政府机构明确表示如此行为是得到认可的，否则“非政府机构”不具备实施法律或者规则的权力，循此逻辑，“非政府机构”是指 WTO 成员方或者由其国内法所认可的任何法律实体。而在狭义层面上，该观点也试图从其他涉及产品标准规制的 WTO 协定特别是《TBT 协定》的相关规定中找出狭义解释性的导论。②

笔者支持广义说。以笔者观点视之，首先应从文本含义对该措辞内涵进行解释。《牛津英语词典》对该词的释义为：“非政府机构”措辞是指不构成中央或者地方政府机构的实体。③ 这又引申出另外一个问题，在 WTO 法律规则下何谓政府机构实体？而解决这一问题则可反向定义“非政府机构”。关于“政府实体”的内涵，WTO 上诉机构在加拿大-奶制品案中明确：“政府的本质性含义在于其通过行使其权力，享有对个人和私人主体进行规制、控制以及

① 参见 Private Voluntary Standards within the WTO Multilateral Framework, Committee on SPS Measures Submission by the United Kingdom, G/SPS/GEN/802 9 October 2007 p. 22.

② 参见 G/SPS/GEN/802, pp. 65-68 & 87. 相关段落原文为“This study refers to the GATS where it determines the scope of what could be considered as a measure of a WTO Member in terms of that Agreement. The Annex on Telecomunications and the Agreement on Subsidies, Countervailing Measures and the Agreement on Preshipment Inspection. The study concludes that form a literary interpretation of Article 13 of the SPS Agreement the terms ‘non-governmental entity’ remains open”。该研究对《补贴与反补贴协议》《服务贸易协定》及《装运协定》进行考察，认为《SPS 协定》第十三条中“非政府机构”措辞的内涵应该是开放的。

③ 参见 Oxford English Dictionary Online, available at http://www.oxforddictionaries.com/definition/english/non-governmental? q = non-governmental, visited on 1 September 2013.

监督或者限制他们行为的权力。"① 随后，WTO 上诉机构又在美国-中国反倾销反补贴案中指出"公共实体"与"私人实体"之间的区别在于前者行使着与政府密不可分、直接相关的管理和控制权力，而后者则不然。② 因此，从排除法的角度分析，这意味着当一实体并不享有合法的规制、控制乃至监督或者限制私人个人或者实体的权力时，这样的实体应被视为"非政府机构"，包括私人实体，当然商业性私人实体也不能被排除在外。

至于多数学者所借用的《TBT 协定》中关于"非政府机构"的定义，笔者以为，《TBT 协定》中所规定的"非政府机构"明确表明该实体并非中央政府机构或者地方政府机构。该措辞的外延同样也应包括那些具有实施技术性规则权能的非政府机构。因此，虽然《TBT 协定》中"非政府机构"的措辞明确排除了以上两种政府实体模式，但是其包括那些代表政府行使行政职权的"非政府形式"实体模式。其并没有明确地表示所要排除的这两种方式的"非政府机构模式"就是该协定所可能包含的所有模式。如果《TBT 协定》的起草者确实以此种方式限定"非政府机构"的措辞，则他们不应把"包括非政府机构"这一措辞加进去。③ 通过在该定义省略这些用语，通过使用"包含"这一措辞，表明包含后的内容只是作为列举情况的其中一种。因而可以合理地推断，《TBT 协定》中包含"包含"这一措辞其实根本目的在于避免这些

① 参见 WTO Appellate Body Report, Canada – Measures Affecting the Importation of Milk and the Exportation of Diary Products, WT/DS103/AB/R/, 1999, para. 97.

② 参见 WTO Appellate Body Report, US – Anti-Dumping and Countervailing Duties (China), WT/DS/379AB/R, March, 2011, para. 292. 在该争端中，上诉机构认为"政府"以及"公共实体"的措辞表示 considered that 'government' and 'public body' connote a sufficient degree of commonality or overlap in their essential characteristics, being the former a 'superordinate' and the latter 'one hyponym', Appellate Body Report, US – Anti-Dumping and Countervailing Duties (China), WT/DS/379AB/R, March, 2011, para. 288.

③ 英文原文是：'Body other than a central government body or a local government body which has legal power to enforce a technical regulation'.

非政府机构是否符合该定义所指范围而引起的误会和麻烦。

因此，当 WTO 协定的制定者们想对“非政府机构”这一措辞进行定义时，他们采取了把其明确化的方式。例如，《服务贸易总协定》第一条第三款关于措施的定义就特别指出其是“非政府机构”所采取的。与《TBT 协定》中所指称的“非政府机构”定义不同，《服务贸易总协定》的文本明确指出没有得到政府授权的“非政府机构”是不被包含在内的。因此，笔者认为在没有任何其他相反的证据证明前，找不到合理的理由一定要遵循狭隘解释方法对“非政府机构”这一措辞进行解释，即不能把第十三条中所指称的“非政府机构”解读为仅仅包括那些本质上得到政府授权的非政府机构。

以上论证表明，私人行为，包括私人标准的发展与执行，都是非政府机构的行为。也正因为如此，从表面上也不能被排除在《SPS 协定》第十三条的范围外。因此，第十三条对其还是具有首要适用效力的，然而遗憾的是，这样的分析是基于《TBT 协定》对“非政府机构”的定义借鉴而来的。关键是 WTO 没有任何的判例曾经对此作出肯定，因此，这里确实存在一个不确定性。

3.2.2.2　私人标准化行为是否构成《SPS 协定》附件一中所规定的“实施卫生与植物卫生检验检疫措施”

虽然以上内容论证了私人标准制定以及适用实体可能符合《SPS 协定》第十三条所规定的“非政府机构”措辞，但是这并不足以说明《SPS 协定》就能对私人标准行为直接适用。更为重要的论证在于该标准与适用的行为，是否构成《SPS 协定》第一条第一款中所规定的“措施”。第一条规定了整个《SPS 协定》可以适用的范围，是该协定对具体情况适用的前提。①

① 《SPS 协定》第一条：‘This Agreement applies to all sanitary and phytosanitary measures which may, directly or indirectly, affect international trade.’ Donal Casey, Private Food Safety and Quality Standards and the WTO, 7 University College Dublin Law Review 65, 2007, p. 81.

《世界贸易政策词典》中对“措施”这一措辞的定义表现出强烈的政府主导属性，通常意指“任何法律、规范、规则、政策、实践或是特定由政府或者政府代表所实施的行为”。① 同样，有学者如麦戈文（McGovern）教授作出如下论述：“WTO协定经常把‘措施’这一措辞意指在争端解决程序中成员国为之所需要负责的行为。争端解决程序的这一实践支持了WTO专家组以及上诉机构都默认的观点：责任原则的基本原则适用于WTO法律体系。上诉机构还因此认为：措施可以是一成员国的任意行为，不管该行为是否具备法律效力，同时措施甚至还包括由政府所领导的不具有法律拘束力的行政机构所实施的行为。该措辞不但包括一般规则，例如普遍使用的规则，还包括行政性立法，例如征收关税以及征收其他税费等。”② 在他们看来，SPS措施必须与政府主导所授权的法律效力相关。

而关于SPS措施，WTO在具体司法判例为解决这一问题提供参考与指引。在WTO成立后第一个涉及《SPS协定》的欧共体-荷尔蒙案中，专家组认为，《SPS协定》中的SPS措施需具备两个条件：即首先该措施是SPS措施，其次，该措施必须直接或间接影响国际贸易。而在美国-中国白羽鸡案中，专家组认为“对判断一项措施是否构成《SPS协定》附件A（1）所规定的措施必须进行全面细致的考察，包括考察该措施的内容与形式”。③ 该案上诉机构重申了在欧共体-生物技术案中专家组对该措施所持有的考察方式。因而回溯至欧共体-生物技术案，专家组设定了一个三要件准则，首先是目的性，即考察该措施是否为“适用的任何措施”；其

① 参见 Walter Goode, WTO Dictionary of Trade Policy Terms, fourth edition. 转引自 Donal Casey, Private Food Safety and Quality Standards and the WTO, 7 University College Dublin Law Review 65, 2007, p. 81

② 参见 Appellate Body Report, United States-Sunset Review of Anti-Dumping Duties on Corrosionresitant Carbon Steel Flat Products From Japan, WT/DS244/AB/R, 15 December 2003, para. 81.

③ 参见 Panel Report, United States-Certain Measures Affecting Imports of Poultry From China, WT/DS392/R, April 2009, para. 7. 101.

次是形式性，该措施的表现方式是否为“法律，法规以及行政规范”；最后是措施的本质，措施是否为要求或者程序。① 因此，若按欧共体-生物技术案所确定的判断标准，《SPS 协定》中所规定的措施就只能是以法律、法规以及行政规范形式出现并且该措施的要求以及程序成为判断该措施本质的唯一依据。② 这一观点也与上述麦戈文教授及《世界贸易政策词典》的倾向一致。

笔者认为以上推论并非完全正确，正如有的研究所认为的，如果按照欧共体-生物技术案标准来判定一措施是否构成《SPS 协定》中所规定的措施，则没有政府参与或者某种程度支持的非政府机构所实施的行动就完全被排除在了《SPS 协定》的调整范围之外，因为正如附件 A 中所规定，“法律、法规以及行政性规范”这些措辞都表明所实施的措施应该在本质上具有政府属性。③ 其实，虽然行政法规肯定包括由政府制定实施的官方规则，但这并不意味着“规则”一词不能包含由其他组织或者机构所制定的规章或者规定。其实，“规则”一词的原意应是指任何机构或实体，不管其本质上是政府性的还是非政府性的所制定的关于某类事项的实体或者程序性规定。也正因为如此，WTO 在欧共体-生物技术案的标准似乎值得斟酌。④

另外，其实笔者的观点从随后 WTO 秘书处向《SPS 协定》委

① 参见，Panel Report, European Communities-Measures Affecting the Approval and Marketing of Biotech Products, WT/DS291/R, WT/DS/292/R, WT/DS/293/R, 29 December 2006, paras. 7. 149, 7. 1334.

② 参见 Private Voluntary Standards within the WTO Multilateral Framework, Committee on SPS Measures Submission by the United Kingdom, G/SPS/GEN/802 9 October 2007 p. 22.

③ 参见 Private Voluntary Standards within the WTO Multilateral Framework, Committee on SPS Measures Submission by the United Kingdom, G/SPS/GEN/802 9 October 2007 p. 74.

④ 参见 Marijke Smit, Food Safety Private Standards and Their Implications For International Trade: A Response Under The SPS Agreement, Paper Presented at the 2012 American Society of Internatinal Law International Economic Law Interest Group Beninial Conference Washtington. D. C. p. 18.

员会所提交的一份报告中可以得到印证。① 在该份报告中，其就明确指出《SPS 协定》附件 A 中所陈述的实施卫生与植物卫生检验的措施的文意并没有明确排除“非政府机构所实施的措施”。同理，在《SPS 协定》中也没有任何一处规定该措施仅仅限于政府实体所实施的措施。其实《SPS 协定》仅仅对其成员国苛以义务以及限定其所要落实的关于卫生与植物卫生检验的措施。也正因为如此，不能简单地下结论认为《SPS 协定》必须得是成员国政府实体所采取的措施或者不是其他非政府机构所采取的措施。

因此，笔者认为，与动物植物健康卫生以及相关的私人标准可能可以构成《SPS 协定》中的 SPS 措施。当然，就此问题，也有学者指出，《SPS 协定》下的 SPS 措施首要符合目的性原则，即为保护人类、动物或植物的生命或健康所必需。但是由于相当数量私人标准制定并非完全基于以上目的，例如 GLOBAL. G. A. P. 标准则是广泛涵盖环境保护、人权及劳工等标准，并非主要旨在保护相关消费者生命与健康，因而该标准不属于 SPS 措施。② 这也成为私人标准能否成为“SPS 措施”的一道门槛。

3.2.2.3 《SPS 协定》下成员国可以采取的保证非政府机构遵守该协定的合理措施

《SPS 协定》对成员国依据该协定第十三条第三句话③的规定所承担的义务作出限制。首先，该条款中义务的本质在于要求成员国“合理注意”。该义务为行为性义务（也被称作“最大化义务”），而并非结果性义务。该种义务本质上并不要求成员国实际上必须保证非政府机构或者境内实体的行为符合该条款的规定，但

① 参见 Private Voluntary Standards within the WTO Multilateral Framework, Committee on SPS MeasuresSubmission by the United Kingdom, G/SPS/GEN/802 9 October 2007.

② 参见 Donal Casey, Private Food Safety and Quality Standards and the WTO, 7 University College Dublin Law Review 65, 2007, p.

③ 各成员应采取现有的合理措施，以确保境内的非政府机构以及其境内有关实体是其成员的地方机构，遵守本协定的相关规定。

是其必须保证应采取现有的合理措施。因此，非政府机构不遵守《SPS 协定》条款的规定并非必然导致成员国承担由于不履行第十三条所规定的义务而承担的责任。进一步推论，只有在成员国不能采取所要求的合理的措施而导致影响贸易的结果出现时，该成员国才可能被指控违反该条款的规定从而承担责任。

另外，考察第十三条第三句话的条文的组织以及措辞形式，可以发现成员国由于非政府机构不符合该条款要求而承担责任的义务其实是有限制的。成员国并不需要以其法律体系内一切可能的措施保证非政府机构的行为必须符合该条款的规定，只需要达到“合理的措施”即可。因此，如何解释“合理的措施”则是需要解决的问题。

相当部分学者的观点仅简单地认为，《SPS 协定》第十三条中的“合理措施”措辞是不明晰的，然而缺乏深入的论证。① 笔者以为，结合文义及立法背景，考虑相关司法实践方能对该措辞作出全面理解。

首先，根据《维也纳条约法公约》第三十一条的规定，需要分别从该措辞的字面意思，结合措辞出现的上下文以及《SPS 协定》的协定宗旨以及目的对该措辞进行解释。②《维也纳条约法公约》第三十一条如此规定：“一、条约应依其用语按其上下文并参照条约的目的及宗旨所具有的通常意义，善意解释之。二、就解释条约而言，上下文除指连同牟言及附件在内的约文外，并应包括：

---

① 例如参见 Steven Bernstein, Erin Hannah, Non-State Global Standard Setting and The WTO: Legitimacy and the Need for Regulating Space, Journal of International Economic Law 11 (3), July 2008, p. 9; Arkady Kudryavtsev, Private Standardization and Interantional Trade in Goods: Any WTO Law Implications for Domestic Regulation? Paper presented at the Soceity of International Economic Law Third Biennial Global Conference; Marijke Smit, Food Safety Private Standards and Their Implications For International Trade: A Response Under The SPS Agreement, Paper Presented at the 2012 American Society of Internatinal Law International Economic Law Interest Group Beninial Conference, Washtington. D. C. p. 18.

② 参见《维也纳条约法公约》第三十一条。

(a) 全体当事国间因缔结条约所订与条约有关的任何协定；(b) 一个以上当事国因缔结条约所订并经其他当事国接受为条约有关文书的任何文书。三、应与上下文一并考虑的尚有：(a) 当事国嗣后所订关于条约的解释或其规定的适用的任何协定；(b) 嗣后在条约适用方面确定各当事国对条约解释的协定的任何惯例；(c) 适用于当事国间关系的任何有关国际法规则。”另外，正如专家组在美国301条款案中所指出的，《维也纳条约法公约》第三十一条构成了习惯国际法。① 根据《简明牛津字典》的解释，“合理”的意思主要是指“在合理程度方位内的；与所预期的相差不多，仅有细微的差距”。② 而就“现有的”一词来说，其意思是指“能够被使用，在某人的掌握之中”。③ 因此，根据字典的意思，其还是没有解释成员方所能够掌控的何种措施才是规制“非政府机构”以及“境内实体”的措施。但值得注意的是，文义解释不能成为唯一路径。正如上诉机构也曾指出，词典对于措辞的定义并不能作为该条约措辞字面意思的唯一路径，对于该措辞的意思应该具体情况具体分析，即需要通过前后文的环境得出。④ 因此笔者以为，在一种情况中被视为“合理”的条件在其他情况中则不尽然如此。特别是发生在一个相对高级的政府对可能被视为合法合理的国内独立标准制定机构，如巨型超级商场或者零售连锁店等私人标准制定主体进行干预的情况下。因为在一个自由的市场经济中，政府对于市场正

① 参见 WTO Panel Report, United States-Section 301-310 of the Trade Act of 1974, WT/DS152/R, 22 December 1999, para. 7.22.

② 参见 Concise Oxford Dictionary (1995) (9ed.).

③ 参见 Concise Oxford Dictionary (1995) (9ed.).

④ 上诉机构在 EC-Chicken Cuts 一案中就指出：“上诉机构发现字典确实是对条约措辞的字面意思进行解读的首要有用工具和方法。但是该方法并非必然有效。具体条约的具体措辞的字面意思应该通过每一个具体情况得出相应结论。更为重要的是，条约措辞的字面意思应该要结合成员国通过他们在该情况下所适用的措辞的意图进行确定。”参见 WTO Appellate Body Report, European Communities-Customs Classification of Frozen Boneless Chicken Cuts, WT/DS269/AB/R, WT/DS286/AB/R, 12 September 2005, para. 175.

常竞争行为的干预仅仅限于对特定公共政策，例如保护消费者权益以及防止不正当竞争、滥用市场优势地位的情况下实施。

其实 GATT 第二十四条十二款中有类似关于“合理措施”的规定。针对该“合理措施”措辞，1985 年在 GATT 加拿大-金币案中（该案专家组报告没有通过），专家组认为，“合理”意指成员国负有对“遵守该义务的困难性与不遵守该义务而产生的对其与其他贸易伙伴之间关系的后果”两者进行衡量的义务。① 换言之，该案专家组并未强制要求该“合理措施”的形式为何，所诠释的是一种平衡两种结果的比例性原则。而之后在美国-影响酒类措施案中，GATT 专家组指出，“合理措施”应被解释为包括“所有宪法规定可能采取的措施”。② 同时，在加拿大-酒类案中，GATT 专家组认为，GATT 第二十四条第十二款要求成员方“证明其已经采取足够的、持续性及令人信服的保证执行的努力”。③因此，延着 GATT 专家组的逻辑，就“现有合理措施”的解释，有学者认为，GATT 专家组观点显然渐次表现出一种对成员方苛以的十分积极义务。④ 但是值得注意的是，在以上案件中，GATT 专家组讨论的均是成员国所采取的保证境内有关实体是其成员的地方机构，例如地方政府机构所展开论述的，因此其解释能否适用于非政府机构尚存有疑问。⑤ 正如有的观点所指出，“加拿大-酒类案的专家组标准过于苛刻，考虑到成员方与非政府机构之间的关系远比成员方与地方

① 参见 GATT Panel Report, Canada-Measures Affecting the Sale of Gold Coins (Canada-Gold Coins), L/5863, 17 September 1985, unadopted.

② 参见 GATT Panel Report, United States-Measures Affecting Alcoholic and Malt Beverages (US-Malt Beverages), DS23/R, adopted 19 June 1992, BISD 39S/206, 1992,

③ 参见 GATT Panel Report, Canada-Import Distribution and Sale of Alcoholic Drinks by Canadian Provincial Marketing Agencies, DS17/R39S/27, 1992, para. 5.27.

④ 参见 PC Mavroidis R Howse and G Bermann, The WTO: Texts, Cases and Materials, 2nd edition, Oxford University Press, p. 35.

⑤ 参见 Donal Casey, Private Food Safety and Quality Standards and the WTO, 7 University College Dublin Law Review 65, 2007, p. 83.

或区域政府之间关系疏远，就该义务的态度应该更为宽松”。[①] 但是对该义务态度更为宽松至何种程度，在 WTO 司法实践中却并无任何实践支持。

总之，针对“非政府机构”的“合理措施”一措辞，不论是文本解释还是 GATT 的司法实践，均没有表明具体的措施为何，而即使是 GATT 专家组的观点也不存在连贯性，学者也有不同的看法。因此，可以认为“合理”措辞的含义是模糊的。在私人标准问题下，无论是文本解释还是 WTO 实践，均无一个官方权威的关于政府所能采取的“合理措施”。

综合上述，《SPS 协定》目前的法律可能适合对私人标准进行规制。如果认为上述结论是从应然层面作出的，则从实然层面上得出的回答则是现有的《SPS 协定》对私人标准毫无办法，因为至今为止并无相关的 WTO 争端解决实践对笔者观点给予印证。众多措辞的模糊性与不确定性都导致该协定对私人标准规制问题的不明确性。确实，在关税壁垒以及数量限制等有形壁垒渐趋减少之际，私人标准作为国际贸易重要的贸易壁垒，已经在一定程度上影响了国际多边贸易自由化与全球一体化的进程，而这一事实是不容否认和抹杀的。

同时，除却以上论证，有的学者认为，即便私人标准制定机构符合“非政府机构”及“SPS 措施”的概念范围，私人标准受到《SPS 协定》规制的观点仍有难以克服的障碍。[②] 由于私人标准制定者分布的广泛性与不确定性，如何能确定位于哪个成员国内的标准制定者被管辖？以上文所提及涉及食品安全领域的 GLOBAL. G. A. P 为例，其不但代表欧盟的零售商，同时也代表国际生产者。这类生产者遍布全球，从南美洲一直至非洲好望角。因此，对此标准，有可能多个国家对其都可能享有管辖权，可能有权

① 参见 PC Mavroidis R Howse and G Bermann, The WTO: Texts, Cases and Materials, 2nd edition, Oxford University Press, p. 35.

② 参见 Donal Casey, Private Food Safety and Quality Standards and the WTO, 7 University College Dublin Law Review 65, 2007, p. 80.

对其进行调整和规制。同时，在全球化背景下，食品领域的私人标准正逐步趋向国际联盟化，因此，管辖权的问题似乎阻碍了《SPS 协定》对其进行规制和管辖。原因在于不知如何确定被管辖的实体。① 这确实也是一个《SPS 协定》若要对私人标准进行规制所要解决的问题。

3.3　《TBT 协定》对私人标准的规制

《TBT 协定》意在"重申以及充实《GATT1994》所要实现的目的和宗旨",② 同时也对货物贸易中的技术性贸易壁垒作出规制。特别需要指出的是，该协定适用于技术规则、标准以及准确评估程序的技术性贸易壁垒。技术规则规定在该协定附件一中，是指"规定强制执行的产品特性或其相关工艺和生产方法，包括适用的管理规定在内的文件。该文件还可包括专门适用于产品、工艺或生产方法的专门术语、符号、包装、标志或标签要求"。③ 而标准也以类似的方式被定义，是指"经公认机构批准的、规定非强制执行的、供通用或重复使用的产品或相关工艺和生产方法的规则、指南或特性的文件。该文件还可包括或专门关于适用于产品、工艺或生产方法的专门术语、符号、包装、标志或标签要求"。④ 不同的是其实际上指用于普通或者重复性使用为目的的由认可机构所通过的文件所通过的自愿措施。两者的区别其实仅在于是否具有强制性，技术规则是强制性的，而标准则不然。

① 参见 Donal Casey, Private Food Safety and Quality Standards and the WTO, 7 University College Dublin Law Review 65, 2007, p. 80.

② 参见 Arkady Kudryavtsev, Private Standardization and Interantional Trade in Goods: Any WTO Law Implications for Domestic Regulation? Paper presented at the Soceity of International Economic Law Third Biennial Global Conference, p. 10.

③ 参见《TBT 协定》附件一第一条。Avaiable at http: //www. wto. org/english/docs_e/legal_e/17-tbt_e. htm, last visited on 2 September 2013.

④ 参见《TBT 协定》附件一第二条。Avaiable at http: //www. wto. org/english/docs_e/legal_e/17-tbt_e. htm, last visited on 2 September 2013.

直至当下，仅有非常有限的争端解决案例对《TBT 协定》中所规定的权利义务的适用以及解释作出了阐述。① 但是目前，《TBT 协定》并没有对何为国际标准作出明确说明，也没有对私人标准规制和调整的判决或者具法律拘束力的决定。

3.3.1 《TBT 协定》对私人标准的讨论背景

TBT 委员会私人标准问题的讨论不如 SPS 委员会热烈。由于早期涉及《TBT 协定》的技术性贸易壁垒主要涉及环境标签等方面，因而多数讨论在 CTE（环境与贸易委员会）中实施。② 在 TBT 委

① 参见 WTO Panel Report, European Communities-Trade Description of Sardines, WT/DS231/R, 29 May 2002, para. 7. 110; WTO Appellate Body Report, European Communities-Trade Description of Sardines, WT/DS231/AB/R, 26 September, para. 248. 在已经解释的案例中，第一个被解释的义务，同时也被专家组和上诉机构援引的则是成员国运用相关国际标准作为他们根据《TBT 协定》第二条第四款而作出的技术规定的基础这一义务。在欧共体-沙丁鱼案中，专家组以及上诉机构裁定该条款所苛以的义务的对象是 WTO 成员方；而至少当一项国际标准与一项技术规则两者相矛盾时，该项技术规则并非基于该国际标准的基础之上。因此，欧盟针对沙丁鱼标签的法律规定违反了《TBT 协定》第二条第四款的规定，因为这些标签并非基于食品法典委员会所指定的国际标准，而食品法典委员会的标准符合《TBT 协定》中所指的国际标准。因此，非常值得注意的是，根据《TBT 协定》的规定，标准在构成技术性贸易壁垒中可能扮演不同的角色：（1）国际标准作为规制技术性贸易壁垒最为基本的一个手段和方式，同时也作为和谐国内标准以及规则的平台和中介。（2）地方、国内以及区域标准被视为技术性贸易壁垒，并因此需要遵循该协定附件三《良好行为规范》中的相关要求。但是目前为止，WTO 争端解决机制还没有机会对成员国的国内标准以及《良好行为规范》的相关条款作出解释和解读，原因在于还没有此方面的案件被提交。

② 关于该历史详细论述，参见 Samir R. Gandhi, Voluntary Environmental Standards: The Interplay Between Private Initiatives, Trade Rules And the Global Decision-Making Process, presented at the 3rd Global Administrative Law Seminar, Viterbo, June 15-16, 2007, pp. 13-17; Carlos Lopez-Hurtado, Social Labelling and WTO Law, Journal of International Economic Law, 2002, p. 724. Carmen Otero Garcia-Castrillon, Private Parties under the Present WTO (Bilateralist) Competition Regime, 35 Journal of World Trade 1, February 2001, pp. 99-122.

员会中，仅有为数稀少的讨论。TBT 委员会在其第二次对《TBT 协定》运作以及执行的第三次审查上表示，多种实体已经在国际标准的准备中发挥作用，例如政府间以及非政府间组织，不同的组织制定标准的程序不尽相同。① 该审查仅仅关注国际标准制定机构而没有提及非政府机构所发展的私人标准。在 2002 年 3 月 15 日举行的 TBT 委员会会议中，欧盟已经希望 WTO 成员方注意“私人标签”这一现象及其所可能产生的影响。欧盟认为一系列的标签体系已经由非政府机构根据《TBT 协定》附件三中的《良好行为规范》发展以及推广应用。

欧盟随后要求 TBT 委员会考虑认真对此问题进行讨论。随后在 2004 年 11 月 4 日举行的 TBT 委员会会议中，联合国经合组织的代表介绍了经合组织内的工作。其指出已经有一个总体的趋向，把强制性措施向自愿的、企业引导的标准以及相关合格评定程序发展。而在 2005 年 11 月 2 日举行的 TBT 委员会会议上，美国代表指出 WTO2005 年的《世界贸易报告》中所提及的标准这一措辞除了政府规则外，还包括市场主导的私人标准。美国认为标准应是由国际标准化组织以及国际电工委员会所制定以及发展的标准。而当《SPS 协定》认可三个种类的标准制定机构时，《TBT 协定》并没有相关类似的规定。

同时，在讨论中某些成员国（地区），例如欧盟认为，如果对《TBT 协定》做严格的解读，私人标准并不能成为解决争端的方案，即使政府在该私人标准的整个运作过程中起到足够的促进作用。按照欧盟的观点，例如旨在打压非法偷采而实施的《欧盟森林执法、施政与贸易自愿伙伴关系协议》（FLEGT）标准并不违反《TBT 协定》中的相关规定。原因在于出口国并没有与欧盟就《欧盟森林执法、施政与贸易自愿伙伴关系协议》（FLEGT）签订市场

① 转引自 Bernstein & E. Hannah, Non-State Global Standard Setting and the WTO: Legitimacy and the Need for Regulatory Space, 11 Journal of International Economic Law, 575, 2008, p. 590.

准入的协定。① 因此，《欧盟森林执法、施政与贸易自愿伙伴关系协议》（FLEGT）是一个自愿标准，虽然一旦签订，林业产品就必须接受追踪和认证，同时如果发现不合乎法律的规定，则会被禁止。然而事实是否如此？这就需要考察《TBT 协定》对私人标准的规制可能。②

3.3.2 《TBT 协定》对私人标准的规制

私人标准属于标准范畴，因而《TBT 协定》中与私人标准可能相关的条款主要体现在附件三《制定、批准和实施标准的良好行为规范》及第四条第一款“各成员需保证中央政府标准化机构接受并遵守本协定附件三中的标准制定、批准和实施的良好行为规范。它们应采取能够采取的适当措施确保其境内的地方政府和非政府标准化机构以及它们参加的或其境内的一个或多个机构参加的区域标准化机构，接受并遵守这个良好行为规范”。两个条款中，附件三对该标准的制定、批准和实施规定了详尽的行为方式，而第四条第一款则如同《SPS 协定》第十三条关于实施的条款一样，对成员国就其境内的“非政府机构”遵守该协定所负的注意义务作出规定。但与《SPS 协定》对私人标准规制存在的模糊性一致，在《TBT 协定》内，对私人标准规制取决于对以下三个问题或障碍的回答。

首先需要讨论该协定是否适用于私人标准。③ 根据世界贸易组

① 转引自 Bernstein & E. Hannah, Non-State Global Standard Setting and the WTO: Legitimacy and the Need for Regulatory Space, 11 Journal of International Economic Law, 575, 2008, p. 605.

② 转引自 Bernstein & E. Hannah, Non-State Global Standard Setting and the WTO: Legitimacy and the Need for Regulatory Space, 11 Journal of International Economic Law, 575, 2008, p. 604.

③ 参见 Samir R. Gandhi, Voluntary Environmental Standards: The Interplay Between Private Initiatives, Trade Rules And the Global Decision-Making Process, presented at the 3rd Global Administrative Law Seminar, Viterbo, June 15-16, 2007, pp. 13-17.

织《TBT 协定》的有关规定，标准被定义为：“由公认机构批准的、供通用或重复使用的，规定了产品或相关加工和生产方法的规则、指南或特性的非强制性文件。该文件还可以包括或专门规定适用于产品、加工或生产方法的术语、符号、包装、标志或标签要求。”① 但是，要满足上述《TBT 协定》附件一第二条关于标准的定义，三个要件必须得到满足：第一，该标准必须由公认机构批准。第二，该标准是供通用或重复使用的。第三，这些标准并非强制性。就第二、第三个要件而言，由于其术语比较明晰，故不是该条款主要产生争议之所在。② 换言之，何为“公认机构”？其内涵以及外延为何？这构成了《TBT 协定》能否对私人标准化行为进行规制所首要回答的问题。

有观点认为，《TBT 协定》附件一第二条标准定义中的“公认机构”措辞借用了国际标准化组织及国际电工委员会 ISO/IEC2004 年指引 2 中的措辞，③ 但问题在于该指引也并未就“公认机构”作出明确定义，其把“标准制定机构”界定为“公认的制定标准机构”。显然，此解释属于循环论证，并不具实际意义。另有观点指出，对“公认机构”措辞可能有四种解读，即其可以通过四种方式被公认，分别是通过法律的正式确认，通过公众对其标准的使用，通过该机构中获得官方参与或该机构获得官方资助。④ 可以看出，以上所有的标准均指向由成员国认证的情况。存续的仍然是以官方授权为背景。然而，笔者认为，根据一般的理解，要被视为“公认机构”，并不一定要通过成员国认证的方式为之。换言之，

---

① 参见 WTO《TBT 协定》附件一第二条关于标准的定义。

② 该两个要件主要涉及标准以及强制性等术语。

③ 参见 Steven Bernstein, Erin Hannah, Non-State Global Standard Setting and The WTO: Legitimacy and the Need for Regulating Space, Journal of International Economic Law 11 (3), July 2008, p. 586.

④ 参见 L Sigismondi, Voluntary Product Standards in Globalized Markets: An Analysis of the US, EC and Swiss Antitrust Approaches Towards Private Standardization in a WTO Perspertive, (PhD Thesis Universite de Neuchatel 2006.), p. 376.

一个机构可以仅仅表明其被被通知的大众所认可即可。① 但是问题在于也有的学者持相反观点，认为该公认机构仅限于做限制性解释，即“公认机构”外延仅局限于获得官方参与或官方资助的机构。② 就这一要件而言，至今 WTO 内并未就《TBT 协定》中的该术语给出明确的解释。③

其次，就大多数私人标准而言，由于《TBT 协定》针对标准的规制不适用于与生产无关的生产及控制方法（Non-PPMs）④，而众多涉及环境保护目的的私人标准，如 WWF（世界保护动物组织）及 FSC（林业发展委员会）等制定的标准则主要针对与生产无关的生产及控制方法（Non-PPMs）。也正是在此角度视之，即使《TBT 协定》适用于“非政府机构”所制定的标准，其也不能对自愿的与生产无关的生产及控制方法的私人标准进行规制。

其实关于与生产无关的生产及控制方法（Non-PPMs），早在

① 参见 CIEL & ISEAL, International Standards and Technical Barriers to Trade,（R053-legal opinion summary July 2006）, available at http://www.ciel.org/Publications/ISEALCIEL_Legal%20OpinionTBTR053_Jul06.pdf.

② 参见 Samir R. Gandhi, Voluntary Environmental Standards: The Interplay Between Private Initiatives, Trade Rules And the Global Decision-Making Process, presented at the 3rd Global Administrative Law Seminar, Viterbo, June 15-16, 2007, p. 20.

③ 参见 Samir R. Gandhi, Voluntary Environmental Standards: The Interplay Between Private Initiatives, Trade Rules And the Global Decision-Making Process, presented at the 3rd Global Administrative Law Seminar, Viterbo, June 15-16, 2007, p. 20.

④ 关于 WTO 协定中的产品以及过程的区别，参见 Robert Howse and Donald Reagan, The Products/Process Distinction: An Illusionary Basis for Disciplining "Unilateralism" in International Law, 11 (2) European Journal of International Law 249, 2000; John H. Jackson, Comments on Shrimp/Turtle and the Product/Process Distinction, 11 (2) European Journal of International Law 303, 2000; Robert E. Hudec, The Product-Process Doctrine in GATT/WTO Jurisprudence, in MarcoBronckers et al. (eds), New Directions in International Economic Law: Essays in Honour of John H. Jackson, The Hague, Netherlands: Kluwer Law International, 2000.

1979 年东京回合协商中已被提出，直至乌拉圭回合一直持续。1995 年，《TBT 协定》秘书处准备的反映《TBT 协定》起草历史的文件表明，该文件指出：与产品特性相关的基于过程及生产工艺的标准被《TBT 协定》所接受。《TBT 协定》谈判历史表明许多谈判参与者均认为与产品特性无关的基于过程及生产工艺的标准不应被视为与《TBT 协定》规定相一致。① 直至当下，该问题仍然是一个具有较大分歧的议题，发展中国家仍然反对把与生产无关的生产及控制方法纳入 WTO 法律体系。② 考虑到上述谈判历史，在实践中相当多 WTO 成员方仍坚持《TBT 协定》附件一中的定义不应解释为包括过程与工艺的标准。可以认为，在将来相当长时间内，成员国间也不会就此问题达成共识。③

最后，"非政府机构"实际含义模糊。虽然《TBT 协定》对"非政府机构"提供文本解释，但是该解释应该作何理解则有争议。④ 但正如上文所述，虽然在《TBT 协定》中所规定的"非政府机构"明确表明了该实体并非中央政府机构或者地方政府机构，但是该措辞的外延同样也包括那些具有实施技术性规则权能的非政府机构。因此，虽然《TBT 协定》中"非政府机构"的措辞明确排除了以上两种政府实体模式，但是其包括那些代表政府行使行政职权的"非政府形式"实体模式。其并没有明确地表示所要排除

① Committee on Technical Barriers to Trade, G/TBT/W/11, 29 August 1995, para 3 (c).

② 参见 Samir R. Gandhi, Voluntary Environmental Standards: The Interplay Between Private Initiatives, Trade Rules And the Global Decision-Making Process, presented at the 3rd Global Administrative Law Seminar, Viterbo, June 15-16, 2007, p. 19, Donal Casey, Private Food Safety and Quality Standards and the WTO, 7 University College Dublin Law Review 65, 2007, p. 80.

③ 参见 Steven Bernstein, Erin Hannah, Non-State Global Standard Setting and The WTO: Legitimacy and the Need for Regulating Space, Journal of International Economic Law 11 (3), July 2008, p. 586.

④ 参见 Grace Chia-Hui Lee, Private Food Standards and their Impacts on Developing Countries, (2006), Part VIII Legality of Private Food Schemes in the WTO, p. 8.

的这两种方式的“非政府机构模式”就是该协定所可能包含的所有模式。如果《TBT 协定》的起草者确实以此种方式限定“非政府机构”的措辞，则他们就不应该把“包括非政府机构”这一措辞加进去。通过在该定义省略这些用语，相反，通过使用“包含”这一措辞表明其应该是包括私人标准制定主体的。因此，可以合理地推断，《TBT 协定》中包含“包含”这一措辞其根本目的在于避免这些非政府机构是否符合该定义所指范围而引起的误会和麻烦。笔者认为《TBT 协定》中的“非政府机构”应包含私人标准制定机构。

此种解释可以认为“非政府机构”包含私人实体，即使是没有被赋予法律权力的私人实体，但是由于对“公认机构”的解释还存在争议，因此，私人标准要被何机构认可方可被认为是被“公认机构”认可的标准，从而受《TBT 协定》调整？对于这些模棱两可的问题，至今 WTO 还没有一个准确及清晰的答案。

第4章　私人标准对WTO法律体系的影响

私人标准可以逾越自愿规制与强制规制、硬法与软法、公共与私人之间的鸿沟，使上述三对措辞互相渗透与模糊。这也是私人规制兴起的原因所在。① 国际关系教授沃格尔（Vogel）认为，以上三个极端的措辞最好被视为一个时代的终结，或三者正在国际关系中展开一场重置权力与权威的竞赛。也正是由于私人标准对于公法与私法之间鸿沟所造成的模糊，该体制则对WTO提出了复杂的新挑战。②

法学语境中，两个术语Legality与Legitimacy是相互区别但联系紧密的概念。但在国内，部分学者却将其混用，统一译作“合法性。”③ 笔者以为，前者通常称作合规性，而后者称为合法性。前者意指一种现象或行为于法律规则及法律体系中的合乎规范过程。而后者指的多是一种信奉的权威或曰合法性。④ 合法性可影响合规性的效用，而合规性又可反作用于合法性。

私人标准作为一种标准存在形式，对多边贸易体制的影响也可

---

① 参见David Vogel, Private Global Business Regulation, 11 Annual Review of Political Science, 2008, p. 265.

② 参见Steven Bernstein, Erin Hannah, Non-State Global Standard Setting and The WTO: Legitimacy and The Need For Regulation Space, Journal of International Economic Law 11 (3), 2008, p. 576.

③ 其实关于两者的区别，参见Alexander P. D'entreves, Legality and Legitimacy, The Review of Metaphysics, Vol. 16, No. 4, 1963, p. 687. 事实是权力，如果需被视为合理的，必须同时具备合法性与合规性。

④ 参见Alexander P. D'entreves, Legality and Legitimacy, The Review of Metaphysics, Vol. 16, No. 4, 1963, p. 687.

从其合规性与合法性两方面考察。于合规性而言，私人标准与 WTO 法律体系间的作用应该是相互的。一方面，WTO 法律体系可如前所述对私人标准的行为进行规制或调整以达到减少贸易扭曲影响作用。另一方面，私人标准则丰富了 WTO 法律体系的内涵，特别是将 WTO 法律体系中对标准进行规制的两个协定《SPS 协定》及《TBT 协定》中有关国际标准的内涵进一步丰富，从而成为 WTO 法律体系中一种准法律渊源，即成为准合规性的法律表现形式。于合法性而言，其合法性程度在一定程度上影响着以 WTO 为核心的多边贸易法律体制的合法性。

因此，本章内容如以下顺序依次展开，首先讨论 WTO 法律渊源及私人标准能否成为 WTO 法律渊源，其次讨论私人标准与国际标准之间的相互关系，进而探讨私人标准对 WTO 法律体系合法性的影响。

4.1 私人标准与国际软法——以 WTO 法律渊源的影响为角度

4.1.1 国际法渊源及 WTO 法律渊源

法律渊源（Source of Law），① 是一个纯粹源于法理学上的概

① 在英文语境中，可适用法律（Applicable Law）与管辖权（Jurisdiction）通常会相伴相生出现在同一法律条款或邻近条款中。这也是首先确定争议事项范围及所适用法律的源泉。一般而言，可适用法律与法律渊源（Source of Law）并非两个等同的概念。若用反证方式证明之，也可理解为若两者为同一事物，却为何需要使用两个不同的专有法律名词予以表达。参见 Lorand Bartels, Applicable Law in WTO Dispute Settlement Proceedings, Journal of World Trade 35 (3), 499-519, 2001. 陈长惠，《浅谈〈WTO 协定〉司法解释的重要性及其法律渊源》，载于《知识经济》2010 年第 10 期，第 16 页；陈晓芳，《WTO 争端解决程序中的法律适用》，载于《理论月刊》2005 年第 9 期，第 156-158 页。笔者在此并不意在区分 WTO 法律渊源与可适用法律的区别，参见 Lorand Bartels, Applicable Law in WTO Dispute Settlement Proceedings, Journal of World Trade 35 (3), 499-519, 2001. 因《国际法院规约》第三十八条虽为法院审理案件时可适用法律根据，然被国际社会广泛接受为国际法的渊源。

念。通常认为，法律渊源分为实质渊源与形式渊源。前者是指法的正式来源、根源和发源，后者则是指法的创制方式和表现形式，也就是指法的效力渊源，即通常在法学上所说的法的渊源。而著名法理学家博登海默认为，“法的渊源可以分为正式渊源与形式渊源。所谓正式渊源，意指那些可以从体现于现有官方文件中的明确条文形式中得到的渊源。这种渊源的主要例子有，宪法与法规、行政命令、行政法规、条例、自治或半自治机构和组织的章程与规章、条约与某些其他协议，以及司法先例。所谓非正式渊源，则意指那些具有法律意义的资料与考量，这些资料和考量尚未在正式法律文件中得到权威性的或者至少是明文的阐述与体现。尽管无需在这方面做出详尽无遗的列举，但我们仍将非正式渊源划分为正义标准、推理和思考事物本质的原则、个别衡平法、公共政策、道德信念、社会倾向以及习惯法”。①

至于国际法的法律渊源，《国际法院规约》第三十八条一直被奉为确定国际法渊源的圭臬。分为两种等级，正式渊源与非正式渊源，其主要确定了以下四种方式为国际法的渊源：条约、国际习惯、法律原则以及一般公法学家学说。② 在对《国际法院规约》第三十八条的解释中，较有代表性的有如下两种：一种认为国际法渊源是指国际法作为有效法律规范形式所形成的方式；另一种则认为国际法渊源是指国际法第一次出现的地方。按照第一种解释，在国际社会中用以形成具有法律约束力的国际行为规范的方式只能是条约和国际习惯，这两种形式也成为严格法律意义上的国际法渊源。按照第二种解释，除了严格法律渊源外，其他与国际法规范有关联的各种渊源，如国际法院的判决、重要的国际文件、国际公法学家学说以及国际组织的决议等，都可以成为国际法的辅助性渊

① 参见［美］埃德加·博登海默，《法理学-哲学及其方法》，邓正来、姬敬武译，华夏出版社 1987 年版，第 396，539-540 页。

② 《国际法院规约》第三十八条。

源，也称为广泛历史意义上的国际法渊源。① 例如王铁崖教授认为，《国际法院规约》第三十八条，为我们确定国际法的渊源提供了权威性的说明。这条规定已分别说明和确定国际法的各种渊源是适宜的。②

国际社会“碎片化”已在法律上产生深远影响，特别是基于这一进程所伴随的特别但相对独立的法律实践范围、法律制度及自治规则和规则体。③ 不同于公认国际法渊源的《国际法院规约》第三十八条或其他国际司法机构对可适用法律的明确，④ WTO 法可适用法律并未在《关于争端解决规则与程序的谅解》中以具体某一条款的方式明确，反之，其是散见于《关于争端解决规则与程序的谅解》中的其他条款。更为模糊的是，WTO《关于争端解决规则与程序的谅解》仅对管辖权详细定义，而没有明确针对可管辖的争议应适用何法律规则，或该法律规则的范围。

不同于《国际法院规约》第三十八条，WTO《关于争端解决规则与程序的谅解》可被视为逆向对 WTO 专家组或上诉机构所审理案件的可适用法律作出规定。《关于争端解决规则与程序谅解》第一条、第三条第二款及第七条第二款构成了 WTO 法律渊源的基础。《关于争端解决规则与程序的谅解》第三条第二款明确了“解

---

① 参见梁西主编：《国际法》，武汉大学出版社 2005 年版，第 30-32 页。

② 参见王铁崖主编，《国际法》，法律出版社 1995 年版，第 10-11 页。

③ 参见 Andreas Fisher-Lescano & Gunther Teubner, Regime-Collisions: The Vain Search for Legal Unity in the Fragmentation of Global Law, Michgan Journal of International Law, Vol 25, 2004, pp. 999-1046. 也可参见 L. A. N. M. Barnhoorn & Karel Wellens (eds), Diversity in Secondary Rules and the Unity of International Law, The Hague: Nijhoff, 1995.

④ 例如《联合国海洋法公约》规定“联合国海洋法庭对任何涉及该公约的适用或解释并根据此款提交法庭的争议享有管辖权”，为此，在审理该争议时，法庭应适用《联合国海洋法公约》及其他与《联合国海洋法公约》不相冲突的国际法规则。参见《联合国海洋法公约》第 288 条 1 款及 293 条第 1 款。

释国际公法的惯例澄清 WTO 诸协定”的可适用法律地位。① 《关于争端解决规则与程序的谅解》第一条第一款规定，“本谅解的规则和程序应适用于按照本谅解附录 1 所列各项协定（本谅解中称‘适用协定’）的磋商和争端解决规定所提出的争端。本谅解的规则和程序还应适用于各成员间有关它们在《建立世界贸易组织协定》（本谅解中称‘《WTO 协定》’）规定和本谅解规定下的权利和义务的磋商和争端解决，此类磋商和争端解决可单独进行，也可与任何其他适用协定结合进行”。而《关于争端解决规则与程序的谅解》第七条第二款则规定，“WTO 专家组应处理争端各方引用的任何适用协定的有关规定”。然而对以上条款作为 WTO 法律渊源的权威性，有学者则持有不同意见。② 正是在此基础上，有学者认为，“WTO 一揽子协议构成 WTO 法律渊源应无争议，而在对其他法源问题的态度上则并无统一观点”。③

正是基于对上述条款地位的不同理解，一直以来，就 WTO 法律渊源问题，国际与国内形成两派学说，即“自成一体说”及“开放说”。④ 自成一体说认为，WTO 争端解决机制只能适用 WTO

---

① 参见《关于争端解决规则与程序的谅解》第三条第二款，原文是“WTO 争端解决体制在为多边贸易体制提供可靠性和可预测性方面是一个重要因素。各成员认识到该体制适于保护各成员在适用协定项下的权利和义务，及依照解释国际公法的惯例澄清这些协定的现有规定。DSB 的建议和裁决不能增加或减少适用协定所规定的权利和义务”。

② 参见 D. Palmeter and P. C. Mavroidis, The WTO Legal System: Sources of Law, 92 American Journal of International Law (1998), p. 398; Also T. Schoenbaum, WTO Dispute Settlement: Praises and Suggestions for Reform, 47 International and Comparative Law Quarterly, 1998, p. 647.

③ 参见 WTO Panel Report, Japan-Taxes on Alcoholic Beverages, WT/DS1/AB/R, WT/DS10/AB/R, WT/DS22/AB/4, Nov. 1, 1996. D. Palmeter and P. C. Mavroidis, The WTO Legal System: Sources of Law, 92 American Journal of International Law (1998), p. 398.

④ 在国内学者研究中，笔者发现多数持“自成一体说”。参见左海聪，《WTO 专家组和上诉机构可适用的法律》，载于《法学评论》2005 年第 5 期，第 70-73 页。

涵盖协定以解决当事方之间实体权利与义务的争端。如 Joel Trachman 教授指出，“WTO 争端解决机制适用何种法律非常清楚，即只能适用 WTO 涵盖协定。一般实体国际法或其他习惯国际法规则均不得适用”。① 国内学者如左海聪教授认为，“由于 WTO 协定是一个自足法律体系，而且在国际贸易管理领域并无可供适用的一般国际法，专家组和上诉机构唯一正式使用的法律就是 WTO 协定条文。先前的专家组和上诉机构报告、一般国际法、权威学者学说均可成为专家组和上诉机构解释 WTO 协定的辅助资料，可以作为专家组和上诉机构观点的佐证或证据”。② 正如众多学者所认同的："WTO 专家组及上诉机构只能适用 WTO 诸协定中明确确定的法律条款，以及根据习惯国际法对该条款所作出的解释。"③ 正如有观点认为，WTO 法在形式上主要表现为条约法规则，而习惯法在 WTO 法律体系内极少存在，这种情况在国际法各主要分支中是不多见的。相比不成文法的习惯规则，成文的 WTO 法在确定性方面显然也更胜一筹。④

---

① 参见 Joel P. Trachtman, The Domain of WTO Dispute Resolution, Harvard International Law Review, Vol. 40, 1999, pp. 347-348.

② 参见左海聪，《国际贸易法》，法律出版社 2004 年版，第 249-250 页；左海聪，《WTO 专家组和上诉机构适用的法律》，载于《法学评论》2005 年第 5 期。

③ 参见 G. Marceau, A Call for Coherence in International Law: Praises for the Prohibition Against "Clinical Isolation" in WTO Dispute Settlement, 33 Journal World Trade 5 (1999), p. 87, at pp. 109-115; L. D. Guruswamy, Should UNLOS or GATT/WTO Decide Trade and Environment Disputes? 7 Minnesota Journal of Global Trade, 287 (1998), p. 311; Trachtman, The Domain of WTO Dispute Resolution, 40 (2) Harvard International Law Journal 333 (1999), p. 342; J. I. Charney, Is International Law Threatened by Multiple International Tribunals? 271 Recueil des Cours 101 (1998), p. 219.

④ 参见曾晖、黄志雄，《“权力政治”下的“贸易法治”——对 WTO 法律体系的几点反思》，载于《武汉大学学报〈哲学社会科学版〉》第 66 卷第 3 期。

开放说对此则持开放态度，认为 WTO 法律渊源远超于此。持开放说的首先是 Plameter 教授，其理论基于《关于争端解决规则与程序的谅解》第三条第二款及第七条，直接视第七条为《国际法院规约》第三十八条第一款的同价等义。其早在 1998 年发表在《美国国际法杂志》关于 WTO 法律渊源的文章中已指出，WTO 体制的法律渊源包括：WTO 涵盖协定、专家组及上诉机构报告、习惯、公认学者学说及一般法律原则。① 鲍威林教授也是“开放说”的代表，其认为，“WTO 法律规则中最能直接反映其体系确认一般国际法的是《关于争端解决规则与程序的谅解》第三条第二款”。② 其主张 WTO 协定与 WTO 争端解决机制均为国际公法不可分割的一部分。WTO 体系并非自成体系或封闭。WTO 法律体系于一般国际法与其他条约背景下产生。上述国际法规则及条约也应在 WTO 内得以适用，除非 WTO 规则有相反规定。③ 虽然根据《关于争端解决规则与程序的谅解》中有关实体管辖权的规定，WTO 专家组只能就 WTO 协定产生之诉进行管辖，但能适用于上述争端的国际法则并非有限。④ 也正是基于此种主张，鲍威林教授认为，WTO 协定、WTO 专家组及上诉机构发端于广袤的一般国际法背景。根据条约冲突规则，1994 年以后的非 WTO 规则应优先于 WTO 规则在争议方中适用。而前提则是争议方均为 WTO 涵盖协定与该

---

① 参见 D. Palmeter and P. C. Mavroidis, The WTO Legal System: Sources of Law, 92 American Journal of International Law (1998), p. 399-411.

② 参见 Joost Pauwelyn, The Role of Public International Law in the WTO: How Far Can We Go? American Journal of International Law, Vol. 95, No. 3, July 2001, pp. 535-581.

③ 参见 Joost Pauwelyn, The Role of Public International Law in the WTO: How Far Can We Go? American Journal of International Law, Vol. 95, No. 3, July 2001, pp. 535-581.

④ 参见 Joost Pauwelyn, The Role of Public International Law in the WTO: How Far Can We Go? American Journal of International Law, Vol. 95, No. 3, July 2001, pp. 535-581.

双边或多边协定或条约的当事方。①

就上述两种观点，联合国国际法委员会在 2006 年所发表的《国际法碎片化：国际法发展及多样性引起的困难》报告②中则将两种观点视为类似国内法与国际法相互关系一般。其认为“开放说”犹如二元论③，而“自成体系”说可比一元论。两者最终都将得到糅合。④

其实，在笔者看来，关于 WTO 渊源的“自成一体说”与“开放说”分歧起源于对《关于争端解决规则与程序的谅解》第三条第二款的不同理解。“自成一体说”认为 WTO 法律体系中出现的新问题或解释只能通过谈判与修改 WTO 涵盖协定的方式解决，严格限制 WTO 争端解决机构适用其他国际法规则以增加或减损 WTO 成员方根据 WTO 涵盖协定享有的权利与义务。而“开放说”则是一种认可司法造法、司法解释的理论。

毋庸置疑，两理论各具说服力。可以认为，若采纳第一种观点对 WTO 法律渊源的审视，则可有效避免 WTO 法律体系中各协定相关规定与其他国际协定所发生的冲突。在此语境下，WTO 法律体系自成一系，虽在国际法碎片化的背景下仍可觅得自身完整性，但是实际的 WTO 专家组及上诉机构在案件审理的实践却给予该理论最为有效的反驳，自成一体说在 WTO 争端解决实践中越来越得

---

① 参见 Joost Pauwelyn, The Role of Public International Law in the WTO: How Far Can We Go? American Journal of International Law, Vol. 95, No. 3, July 2001, pp. 535-581.

② 参见 International Law Commission, Fragmentation of International Law: Difficulties Arising From The Diversification and Expansion of International Law, Report of the Study Group of International Law Commission Finalized by Martti Koskenniemi, UN. Doc. A/CN. 4/L. 682, April 2006.

③ 国际法与国内法的一元论与二元论论争，参见梁西，《国际法》，武汉大学出版社 2001 年版，第 10-15 页。

④ 参见 International Law Commission, Fragmentation of International Law: Difficulties Arising From The Diversification and Expansion of International Law, Report of the Study Group of International Law Commission Finalized by Martti Koskenniemi, UN. Doc. A/CN. 4/L. 682, April 2006. paras. 443-450.

不到支持。①

WTO 协定自成体系观点在 WTO 成立后上诉机构审理的第一个案件美国-石油标准案中已经被推翻。上诉机构认为："WTO 协定不应机械地从国际公法范围内独立开来。"② 随后在 2002 年韩国-政府采购案中，WTO 专家组就 WTO 法律渊源问题作出解释，其特别指出："《关于争端解决规则与程序的谅解》第三条第二款要求我们必须根据解释国际公法中的习惯国际法规则对已有 WTO 协定中的条文在具体案件中澄清和解释。但是，WTO 协定与习惯国际法之间的关系远大于此。习惯国际法广泛应用于 WTO 成员间的经济关系。既然 WTO 协定并无'驱逐'习惯国际法，则此国际法规则应得以适用。"③ 因此可认为，在众多案件中，WTO 专家组及上诉机构均明示或暗示承认《维也纳条约法公约》第三十一及三十二条规定为"解释国际公法规则的习惯国际法"。④

另外，在日本-烈酒案中，上诉机构重申："对 WTO 协定条款

① 事实是当 Joost Pauwelyn 教授首先系统性提出 WTO 法律渊源应持开放说后，《马拉喀什建立世界贸易组织协定》的起草者们均认为其是一种异想天开的想法。起草者们的原意在于把 WTO 法律体系做成一个封闭的处理国际贸易争端的法律渊源，也只有如此，方能保证 WTO 的专业性。然而 WTO 成立后的国际法发展，特别是国际贸易方面的争端解决实践与此想法相去甚远。参见 Joost Pauwelyn, The Role of Public International Law in the WTO：How Far Can We Go? American Journal of International Law, Vol. 95, No. 3, July 2001, pp. 535-581.

② 参见 WTO Appellate Body Report, United States-Standards of Reformulated and Conventional Gasoline, 20 May 1996, WT/DS2/AB/R, DSR 1996：I, p. 16.

③ 参见 WTO Panel Report, Korea-Measures Affecting Government Procurement, 19 Jan 2000, WT/DS163/R, para. 7. 96.

④ 参见 WTO Appellate Body Report, United States-Standards for Reformulated and Conventional Gasoline, WT/DS/2/AB/R, p. 17；Appellate Body Report, Japan-Taxes on Alcoholic Beverages, WT/DS8/AB/R, WT/DS10/AB/R, WT/DS11/AB/R, p. 10；Appellate Body Report, United States-Countervailing Duties on Certain Corrosion-Resistant Carbon Steel Flat Products from Germany, WT/DS213/AB/R, para. 61.

的解释最为合适的首先是文本解释。"① "而该文本解释，以上诉机构语言而言，仅表明首要，并未完全囊括所有相关法律。因此，《国际法院规约》第三十八条第一款中所列的子项均为 WTO 争端解决机构可适用的潜在性法律。特别需要指出，WTO 前身 GATT 的相关实践，包括 GATT 争端解决专家组报告及 WTO 专家组及上诉机构报告、国际习惯、权威公法学家学说、一般法律原则及其他对 WTO 法律的发展其重要推动作用的法律文件均为 WTO 法律渊源。"② 至今，没有任何学者会否认 WTO 法是国际法的一部分。③

另外，值得注意的是，WTO 上诉机构常讨论及适用其他国际法标准。在美国虾-龟案中，专家组就 GATT 第二十条第七款中的"可耗竭自然资源"作出解释，然而上诉机构不认同专家组的定义。上诉机构认为，该措辞需以当下该领域的最新发展为背景解释，其指出："GATT 第二十条第九款中'自然资源'一词含义并非故步自封，其应与时俱进。"④ 为了对该措辞进行与时俱进的定义，上诉机构参考了 1992 年《里约宣言及二十一世纪议程》《生物多样性公约》及《联合国海洋法公约》的相关规定，进而认为自然资源应包括所有资源，不论生物或非生物资源。⑤ 也正是在美

① 参见 WTO Panel Report, Japan-Taxes on Alcoholic Beverages, WT/DS1/AB/R, WT/DS10/AB/R, WT/DS22/AB/4, Nov. 1, 1996. 该观点也可参见 D. Palmeter and P. C. Mavroidis, The WTO Legal System: Sources of Law, 92 American Journal of International Law (1998), p. 398.

② 参见 D. Palmeter and P. C. Mavroidis, The WTO Legal System: Sources of Law, 92 American Journal of International Law (1998), pp. 398-399.

③ 参见 John. H. Jackson, The World Trading System, 25, 1997; Donald M. McRae, The WTO in International Law: Tradition Continued or New Frontier, 33 Journal of International Economic Law, 27, 2000; Donald M. McRae, The Contribution of International Trade Law to the Development of International Law, Soviet Journal of Experiment & Theoretical Physics, 1996, 46 (5).

④ 参见 WTO Appellate Body Report, United States-Import Prohibition of Certain Shrimp and Shrimp Products, Nov. 1998, WT/DS58/AB/R, paras 127-131.

⑤ 参见 WTO Appellate Body Report, United States-Import Prohibition of Certain Shrimp and Shrimp Products, Nov. 1998, WT/DS58/AB/R, paras 127-131.

国虾-龟案后，关于WTO诸协定与环境协定的关系，学者给予了大量的讨论与思考。① 总体上，多数观点认为成员方根据WTO协定所承担的义务不应与其他协定下所承担的义务相抵触。因此涉及WTO涵盖协定与非WTO涵盖协定之间的效力问题。但值得肯定的是，该案诠释了一种之前WTO争端解决实践所不曾出现的观点，软法首次成为专家组判案理由的根据及参考。

4.1.2　国际软法与私人标准的法律性质

虽有学者认为WTO争端解决机构认可以软法为解决双方争端的可适用法律，然而WTO涵盖协定并无明文对软法地位做出界定。②

国际软法③是晚近国际法发展出的新概念。④ 虽然软法已存在

① 参见 J. Cameron & J. Robinson, The Use of Trade Provisions in International Environmental Agreements and the Compatibility with GATT, Year Book of International Economic Law, Vol. 2, 1991; Michael J. Trebilcock & Robert Howse, The Regulation of International Trade, London: Routledge, 1999, pp. 397-420; Gabrielle Marceau, Conflicts of Norms and Conflicts of Jurisdictions: The Relationship between the WTO Agreement and MEAS and other Treaties, Journal of World Trade, Vol. 35, 2001, pp. 1081-1131.

② 参见 Joost Pauwelyn, Non-Traditional Patterns of Global Regulation: Is the WTO 'Missing The Boatt'? presented at the European University Institute, Florence, 24-25 September 2004, Conference on Legal Patterns of Transnational Social Regulations and Trade, pp. 9-10.

③ 在众多讨论国际规制渊源的成果中，较为突出与全面的包括 Eric Loquin & Catherine Kessedjian (eds), La mondialisation du droit, Paris: Litec, 2000; Paul Schiff Berman, The Globalization of International Law, Aldershot: Ashgate, 2005; Rudiger Wolfrum & Volker Rover (eds), Developments of International Law in Treaty-making, Berlin: Springer, 2005, pp. 417-586; Ronnie Lipschutz & Cathleen Vogel, Regulation for the Rest of Us? Global Civil Society and the Privatization of Transnational Regulation, in R. R. Hall & T. J. Bierstaker, The Emergence of Private Authority in Global Governance, Cambridge: Cambridge University Press, 2002, pp. 115-140.

④ 参见 Andrew T. Guzman and Timothy L. Meyer, International Soft Law, Journal of Legal Analysis, 2010, Vol. 2, No. 1. p. 172.

多年，然而国际法学者们对国家为何适用软法仍莫衷一是。① 毋庸置疑，软法与“非国家法”分属两个不同概念。软法作为国际法发展进程中重要的概念，一直为众多学者所关注和发展。

究竟何为软法？软法的主体为何？上述问题一直让国际法学者感到尴尬。一方面，软法非法。Prosper Weil 教授认为，软法所创制的义务并非软法或硬法，它们从根本上不属于法律范畴。② 而另一方面，几乎所有国际法学者均认同软法并非简单的国际政治。③ 他们都认同，于某种程度而言，表达软法的文件均具有准法律特性。认同软法的准法律特性，介于法律与非法之间，这又使得认可软法具准法律特性的学者感到困惑。故有学者提出用排除法方式定义软法，认为软法是指具法律特性的国际法文件外的一切文件。④

但也有学者从其他视角定义软法。其不着重于一规则是否对国家具法律效力，而看重该义务的明确性或协定的其他要素能否足使国家受到约束。他们把软法性文件视为“不精确的义务”(imprecise obligation)。⑤ 也有学者认为软法没有可靠的理论基础，

① 参见 Peter Hulsroj, Three Sources-No River, A Hard Look at the Sources of Public International Law with Particular Emphasis on Customs and General Principles of Law, 54 Zeitschrift fur Offentliches Recht, pp. 219-259. 也可参见 Prosper Weil, Towards Relative Normativity in International Law? American Journal of International Law, 1983, pp. 413-442.

② 参见 Prosper Weil, Towards Relative Normativity in International Law? American Journal of International Law, 1983, pp. 414-417.

③ 参见 Andrew T. Guzman and Timothy L. Meyer, International Soft Law, Journal of Legal Analysis, 2010, Vol. 2, No. 1. p. 172.

④ 参见 Andrew T. Guzman and Timothy L. Meyer, International Soft Law, Journal of Legal Analysis, 2010, Vol. 2, No. 1. p. 173.

⑤ 参见 Abbott, Kenneth W. , & Duncan Snidal, Hard and Soft Law in International Governance, 2000, 54 International Organization, pp. 422-423; Reisman, W. Michael. The Concept and Functions of Soft Law in International Politics, in Essays in Honour of Judge Taslim Olawale Elias, Volume I Contemporary, Emmanuel G. , & Bello, & Prince Bola A. Ajibola, eds, Martinus Nijhoff, 1992.

国家与司法实践方面也少有支持。软法甚至无存在的必要：传统的法律二元性的观念①就能起到归于软法的那些作用。② 麦克奈尔爵士把“软法”描述为不具法律效力（Extra-legal Binding Effect）的文件。于法律意义而言，软法被用于描述那些不属于《国际法院规约》第三十八条第一款所列渊源的原则、规则或标准。③ 但软法于国际法律体制中的外延为何则还存有疑问。④

总之，软法是一个发展中的概念，笔者也赞同传统关于软法定义观点，认为软法是那些不具法律效力的规则或文件的总称，该文件或规则有助于我们对具法律效力规则的理解或使我们对将来行为具备一个承诺。⑤ 从软法定义，可以描绘其几个主要特点：第一，国际软法为国际关系的行为提供通常预见，这主要源于软法经常产

---

① 关于法律二元性观念，首先由英国哲学家大卫·休谟提出。其指出善与恶之间存在各种不同的灰色梯度，并且“彼此不易觉察地相互渗透”，但是涉及法律时，他认为“无疑权利、义务、所有权是不承认这种细微的渐变梯度的，一个人要么拥有完整的、全部的所有权，要么就根本没有；他要么完全负有为某种行为的义务，要么就不负任何义务”。在休谟看来，法律一旦涉及生活，生活中看来很平常的半权利与半义务情况，就成了“彻底的荒谬”。参见 David Hume: Political Writings, Hackett Publishing Company, Indianapolis, 1994, p. 43.

② 参见 Jan Klabbers, The Redundancy of Soft Law, 65 Nordic Journal of International Law, 1996, pp. 167-192; Jan Klabbers, The Undesirability of Soft Law, 67 Nordic Journal of International Law, 1998, pp. 381-391; Jan Klabbers, The Concept of Treaty in International Law, The Hague, 1996.

③ 参见 Daniel Thurer, Soft Law, in R. Wolfrum (eds), The Max Planck Encyclopedia of Public International Law, online edition, [www. Mpepil. com], Max Planck Institute for Comparative Public Law and International Law and Oxford University Press, 2011, para. 8.

④ 参见 Daniel Thurer, Soft Law, in R. Wolfrum (eds), The Max Planck Encyclopedia of Public International Law, online edition, [www. Mpepil. com], Max Planck Institute for Comparative Public Law and International Law and Oxford University Press, 2011, para. 8.

⑤ 参见 Andrew T. Guzman and Timothy L. Meyer, International Soft Law, Journal of Legal Analysis, 2010, Vol. 2, No. 1. p. 173.

生于国际组织体系内或受其影响。第二，软法由国际法主体所创制，这区别于商业公司或组织所制定的商业规则或习惯，例如行为准则及行为规范等。第三，软法规则没有经历部分或全部国际法规则制定所需经历的程序。其效力不来源于正式的法律渊源，因而不具法律效力。第四，虽不具备法律性质的承诺特质，却具备法律的确定性与准确性，也可能产生一定的法律效力与影响。第五，软法的违反不引起法律后果，使违反者承担法律责任。第六，相比于硬法，软法更容易为各方所接受。①

另外，就软法外延而言，传统的软法可以分为两类：国际组织决议及国家间决议。② 国际组织的不具法律效力的决议、建议或决定，除非以上形式在其组织章程中被视为具法律效力。而在国际经济法领域，诸如联合国贸易发展会议与经济合作发展组织等国际组织也通过所谓的守则试图影响国际经济秩序。③ 虽然此类守则也不具法律效力，不属于硬法而属于软法，然其与私人主体发展的行为准则不同。该准则的特点主要体现在严格程序方面，其甚至制定了比硬法更为复杂的程序。例如 OECD 发布的《跨国公司行为准则》，④ 其设立一特别委员会，享有判断该准则有无被遵守或判断该准则是否符合当下必要的发展趋势的权力。从某侧面看，软法的

① 参见 Daniel Thurer, Soft Law, in R. Wolfrum (eds), The Max Planck Encyclopedia of Public International Law, online edition, [www. Mpepil. com], Max Planck Institute for Comparative Public Law and International Law and Oxford University Press, 2011, para. 9

② 参见 Daniel Thurer, Soft Law, in R. Wolfrum (eds), The Max Planck Encyclopedia of Public International Law, online edition, [www. Mpepil. com], Max Planck Institute for Comparative Public Law and International Law and Oxford University Press, 2011, para. 10.

③ 参见 Daniel Thurer, Soft Law, in R. Wolfrum (eds), The Max Planck Encyclopedia of Public International Law, online edition, [www. Mpepil. com], Max Planck Institute for Comparative Public Law and International Law and Oxford University Press, 2011, para. 13.

④ 参见 Andrew T. Guzman and Timothy L. Meyer, International Soft Law, Journal of Legal Analysis, 2010, Vol. 2, No. 1. p. 171.

实施程序可能比硬法严格。

回到私人标准的法律性质问题，其制定过程符合软法的范畴与内涵。其制定主体为跨国私人公司，如家乐福或沃尔玛，或该公司与非政府组织所构建的第三方认证体系，如海洋食物联盟（MSC）或林业保护联盟（FSC）等，抑或公司企业非政府组织结合某种类型的 NSMD 体系（ISEAL）等。以制定目的而言，其为以全球价值链为基础的众多国际贸易及商事行为提供指引或预见。以法律效力而言，私人标准均以自愿加入或认可为前提，对于私人标准的违反也不会产生强制性法律后果。从根本上讲，其就是一种软法规则得以存在反映的形式。

但是根据传统对于软法的定义，由于其制定者并非传统国际法主体，因此，在传统观点下其并非属于软法范围。当然此种观点在有的学者看来并非正确，例如卡法基（Cafaggi）则认为私人标准当然是一种软法治理模式。① 笔者认同卡法基教授的观点，并认为，首先，软法还是一个发展中的概念，其外延为何还无达成统一观点。以上两种观点的分歧主要来自于对软法的广义或狭义定义，传统对软法的定义是基于在国际关系中以国家为主体视角，但随着跨国私人自治空间的扩散及国际法碎片化及人本化的发展，私人规则成为软法也是一种趋势。其次，即使是麦克奈尔等教授也并未否认私人标准可视为软法形式的可能性。对软法的审视的重点更多应落在该规则的实际法律效力的有无而不应是该规则的制定主体为何。

因此，综合上述对 WTO 法律渊源的学理论述及争端解决实践，笔者得出以下几点与私人标准有关的关于 WTO 法律渊源的认识：首先：关于 WTO 法律渊源，“自成一体说”不承认国际软法作为 WTO 法律渊源的地位，充其量仅把国际法院渊源中的辅助性

① 参见 Fabrizio Cafaggi, New Foundations of Transnational Private Regulation, EUI Working Paper RSCAS 2010/53, p. 18; Fabrizio Cafaggi, Private Regulation, Supply Chain and Contractual Networks: The Case of Food Safety, EUI Working Paper RSCAS 2010/10, p. 4.

渊源作为WTO争端解决机构审理案件时所作出观点的辅助材料。其次，依照“开放说”，如同鲍威林教授指出，国际软法可被视为WTO法律渊源，只要该国际软法的缔约方包括争端当事方。① 再次，即使开放说认为国际软法可被视为WTO法律渊源，但此等软法仍为传统意义上的国际软法（制定主体为国家）。② 即使在美国虾-龟案中，上诉机构在确定GATT第十九条第二款时，由私人所制定的“软法”与传统的“国家之间所制定的软法”仍然存在区别，WTO至今也无关于私人标准所由软法这一渊源的适用先例。

法律之美就在于它能够把握住所有那些不同的心境与情绪，并能够将它们转化为可操作的分析模式：它能够将所有不同的政治或道德的精妙与细微之处转化为诸如有约束力与无约束力、合法与不合法这样的简单二分，并通过准确判断什么是有拘束力的、合法的来对它们进行适当的处理。

故私人标准作为一种规范存在模式，其对WTO法律体系的冲

---

① 参见 Joost Pauwelyn, Non-Traditional Patterns of Global Regulation: Is the WTO ‘Missing The Boatt’? presented at the European University Institute, Florence, 24-25 September 2004, Conference on Legal Patterns of Transnational Social Regulations and Trade, pp. 9-10. 在相关段落，鲍威林教授提出关于钻石贸易的“金伯利进程”这一软法规范，认为若WTO争端双方均为“金伯利进程”的缔结方，则该软法规范可为双方违反WTO规则提供辩解理由。其进一步指出软法规范作为对WTO规则违反的抗辩理由得到了WTO实践的印证。2003年5月，所有WTO成员方均同意就非“金伯利进程”参与者对其他参与者所苛以的贸易限制作出豁免，条件为“金伯利进程”成员方所采取的贸易限制措施必须与“金伯利进程”条款相一致。鲍威林把所有成员方此做法视为“金伯利进程”成员方之间的豁免是不必要的，因而推定成员方间所缔结的该进程抗辩有效。参见 WTO General Council, Proposed Agenda, WT/GC/W/498, 13 May 2003, Item VI; Waiver Concerning Kimberley Process Certification Scheme for Rough Diamonds: Communications, G/C/W/432/Rev. 1. 24 Feb. 1999.

② 关于软法的详细讨论，请参见本书第3章。对传统国际软法的定义则可参见 Daniel Thurer, Soft Law, in R. Wolfrum (eds), The Max Planck Encyclopedia of Public International Law, online edition, [www. Mpepil. com], Max Planck Institute for Comparative Public Law and International Law and Oxford University Press, 2011, para. 8.

击并非一定通过法律渊源或可适用法律形式体现。虽然其可以对 WTO 法律渊源中某些条款或条款措辞的渗透，产生一种对多边贸易法律体制的间接影响，但私人标准作为一种本质上的软法，① 与其他的软法一道，已不可被视为 WTO 法律渊源而为 WTO 争端解决机制所直接适用。

4.2　私人标准与国际标准——以 WTO 货物贸易涵盖体系为角度

私人标准属于软法范畴，其本质是一种自治体系，如上所述，无论是 WTO 法律渊源还是 WTO 体系可适用法，其均不在其列。换言之，在成员国就《WTO 争端解决程序谅解》第二条情况发生贸易争端时，争端解决机构不能援引其作为判案依据，甚至不能作为一种辅助渊源作为参考。但即便如此，私人标准还是能从争端解决机构对《TBT 协定》或《SPS 协定》中有关国际标准的规定的"准法律性"与"权威性"中得到默认与尊重。

4.2.1　《SPS 协定》与《TBT 协定》中国际标准的确定

WTO 的成立，把其治理的领域从传统的 GATT 框架下的货物贸易范围广泛延伸至包含服务贸易、与知识产权及投资有关的贸易方面。随着全球化下市民社会对环境、劳工及食品安全等多方面的需求，WTO 也试图对以上关注给予积极回应。② 但在面临着诸多与技术相关、高技术性的贸易争端时，WTO 确实需要对该技术性问题作出判断与解读。WTO 本身并非一个标准制定组织，其把自己局限在其最有能力做的领域中，也就是要保持一个开放的、公平

① 参见 Fabrizio Cafaggi, New Foundations of Transnational Private Regulation, EUI Working Paper RSCAS 2010/53, p. 1; Fabrizio Cafaggi, Private Regulation, Supply Chain and Contractual Networks: The Case of Food Safety, EUI Working Paper RSCAS 2010/10, p. 4.

② 参见派特里克·瑞他，《WTO：国际标准应带来它许诺的好处》，载于《WTO 经济导刊》2007 年第 5 期。

的和非歧视的、多边的贸易体系。① 故在WTO涵盖协定条款中引入"国际标准"的相关规定，例如在货物贸易领域，《SPS协定》与《TBT协定》中国际标准条款的规定体现了上述立法原则与意图。②

从法律文本角度而言，主要体现在《SPS协定》与《TBT协定》中的国际标准，该措辞与条款是WTO正式渊源，或者说私人标准成为WTO法渊源的一种模式。国际贸易不同成员国就动植物卫生检验检疫而促成的措施是《SPS协定》所要达至的其中一个目标。③ 如《SPS协定》序言中明确，"期望进一步推动各成员国使用以有关国际组织制定的国际标准、指南和建议为基础的动植物检疫措施，这些国际组织包括食品法典委员会、国际兽疫局，以及在《国际植物保护公约》框架下运行的有关国际组织和区域组织……"④ 在附件A中明确该国际标准的定义，在粮食安全方面，指食品法典委员会制定的有关守则和指南，在动物健康与寄生虫病方面，指国际兽疫局主持制定的标准、指南和建议，以及卫生惯例的守则和指南。值得注意的是，附件A第3条d款有一兜底条款明确，"在上述组织未尽事宜方面，指经委员会认可，可参照向所有成员开放的其他有关国际组织公布的适当标准、指南或建议"。⑤ 但现实是目前为止并无任何其他国际组织获得该认可。⑥ 因此，有学者认为上述三个国际标准制定组织已是《SPS协定》专属准立

---

① 参见派特里克·瑞他，《WTO：国际标准应带来它许诺的好处》，载于《WTO经济导刊》2007年第5期。

② 参见Du, Michael M, Reducing Product Standards Heterogeneity through International Standards in the WTO: How Far across the River? Journal of World Trade 44, No. 2, 2010, p. 296.

③ WTO Appellate Body Report, European Communities-Measures Concerning Meat and Meat Products (Hormones), WT/DS26/AB/R, 13 Feb 1998, para. 165.

④ 参见《SPS协定》序言。

⑤ 参见《SPS协定》附件A第3条d项。

⑥ 同样观点参见Steven Bernstein, Erin Hannah, Non-State Global Standard Setting and The WTO: Legitimacy and The Need for Regulatory Space, Journal of International Economic Law 11 (3), 2008, p. 594.

法机构，现实中它们的标准成为国际标准。①

与《SPS 协定》于法律文本中明确国际标准制定机构不同，《TBT 协定》并未对此作出明晰，② 也未对国际标准作出定义，更未就国际标准的实质性或程序性条件作出明确。虽然有的观点认为，至少就《TBT 协定》而言，国际标准化组织在国际标准制定上拥有不可撼动的权威。③ 但这并不意味着国际标准化组织（ISO）所制定标准在《TBT 协定》中获得如同《SPS 协定》所确立的三个政府间标准制定组织所制定的标准的准合法地位。虽 TBT 委员会曾实施多项措施以实现国际标准与《TBT 协定》规则的对接，如联合国国际粮食与农业组织（FAO）、国际兽疫局（OIE）④、国际电信联盟（ITU）及联合国经济与合作组织（OECD）、国际电工委员会（IEC）及国际标准化组织（ISO），除却国际电工委员会及国际标准化组织，以上组织均为政府间国际组织。也正是在此背景下，巴西曾经提出一个议案，认为 TBT 委员会应在货物贸易所涉及各行业中制定一个国际标准制定机构。然直至目前，该提案并没有实际得到多数成员国的支持并推行。⑤

值得注意的是，在 2000 年 TBT 委员会《TBT 协定》第二次三

① 参见 Gabrielle Marceau, Joel P. Trachtman, The Technical Barriers to Trade Agreement, the Sanitary and Phytosanitary Measures Agreement and the General Agreement on Tariffs and Trade, 36（5）Journal of World Trade 811, 2002, p. 838.

② 参见 Du, Michael M, Reducing Product Standards Heterogeneity through International Standards in the WTO: How Far across the River? Journal of World Trade 44, No. 2, 2010, p. 305.

③ 参见 Steven Bernstein, Erin Hannah, Non-State Global Standard Setting and The WTO: Legitimacy and The Need For Regulatory Space, Journal of International Economic Law 11（3）, 2008, p. 597.

④ 该组织于 1924 年由政府成立。目的在于协调国际性关于动物及动物产品的安全标准。该组织目前尚无针对非政府组织制定的参与程序。然而私人主体可通过国家代表团形式参与标准的制定与决策过程。

⑤ 参见 Communication from Brazil, G/TBT/W/140, 2000.

年审议①中，成员国关注国际标准的制定的原则问题，同时就标准制定组织如何开展工作作出指引。但该指引也并未就《TBT 协定》内的国际标准制定机构给予明确界定。

另外在司法实践方面，1995 年 WTO 成立后运用争端解决机制审理的案件中，涉及国际标准的案件与众多的涉及贸易救济以及 GATT 其他条款的案件相比，可谓寥寥无几。从最早的欧共体荷尔蒙案，直至 2012 年连续审理的美国烟草案等，对于 TBT 或 SPS 协定中有关国际标准问题，WTO 专家组以及上诉机构才给予了一定的笔墨。至今，WTO 争端解决机制受理的直接对国际标准问题具实践意义的案件一共有两个，分别是欧共体-荷尔蒙案及欧共体-沙丁鱼案。② 欧共体-沙丁鱼案涉及的是《TBT 协定》中的国际标准，而欧共体-荷尔蒙案涉及的则是《SPS 协定》中的国际标准问题。就已涉及《SPS 协定》及《TBT 协定》国际标准争端而言，《SPS 协定》与《TBT 协定》均默认，根据国际标准所制定的国内标准

---

① TBT 委员会就《TBT 协定》每三年进行一次的审议称作三年审议，该程序意在允许成员国通过协商一致方式就深化《TBT 协定》的执行、有效性及实施作出建议，同时也对 TBT 委员会未来工作提出意见。审议下所作出的建议及解释均不具法律拘束力，仅作为成员国的指引。参见 Steven Bernstein, Erin Hannah, Non-State Global Standard Setting and The WTO: Legitimacy and the Need for Regulating Space, Journal of International Economic Law 11 (3), July 2008, p. 587.

② 参见 Joost Pauwelyn, The WTO Agreement on Sanitary and Phytosanitary (SPS) Measures As Applied In The First Three SPS Disputes, EC-Hormones, Australia-Salmon and Japan-Varietals, Journal of International Economic Law 1999, pp. 641-664; David Hurst, Hormones: European Communities-Measures Affecting Meat and Meat Products, 9 European Journal of International Law, 1998, p. 182; Steve Charnovitz, The World Trade Organization, Meat Hormones and Food Safety, 14 International Law Trade Reporter, 1997, p. 1781; Steve Charnovitz, Environment and Health Under WTO Dispute Settlement, The International Lawyer, 1998, p. 901; David Wirth, European Communities-Measures Affecting Meat and Meat Products, International Decisions, American Journal of International Law, 1998, p. 755; Hiranya Fermando Senadhira, Appellate Body Report of the Beef Hormones Cases: A Brief Legal Analysis, 2 Bridges, 1998, p. 2.

被推定为自动获得争端解决机构豁免。但遗憾的是，《TBT 协定》中具体国际标准的范围及制定机构，已有案件并未提供任何有用的支持与解释。①

虽然不论法律文本或司法实践，《TBT 协定》中国际标准及国际标准制定机构具体为何还无明确答案，但值得注意的则是，在欧共体-沙丁鱼案中，专家组对“国际标准”作出了界定，即“由国际实体所发展的标准”。②《TBT 协定》附件一第三款已对“标准”这一含义作出解读，则存有疑问的是“国际实体”措辞的含义。③同时由于《TBT 协定》附件一第四条已就“国际实体”措辞作出界定，意指：“会员资格至少向所有 WTO 成员的相关机构开放的体系或机构”，有观点认为该“国际实体”的外延应包括政府间国际组织，例如食物法典委员会，或非政府机构，例如国际标准化组织，而且基于《TBT 协定》附件一第八款对“非政府机构”的界定，应是指具有法律权能执行技术规范的实体。④换言之，按照该学者观点，本书所讨论的私人标准制定机构完全不属于《TBT 协定》所确定的“国际标准”范围。因此，笔者以为，对于如何理解“国际实体”乃至“非政府机构”的具体含义成为判定《TBT 协定》国际标准制定机构的关键。

---

① 参见《TBT 协定》第二条第五款，《SPS 协定》第三条第二款。同时也可参见 Du, Michael M, Reducing Product Standards Heterogeneity through International Standards in the WTO: How Far across the River? Journal of World Trade 44, No. 2, 2010, p. 296.

② WTO Panel Report, European Communities-Trade Description of Sardines, (EC-Sardines), WT/DS231//R, para. 7. 63. 177.

③ 参见 Du, Michael M, Reducing Product Standards Heterogeneity through International Standards in the WTO: How Far across the River? Journal of World Trade 44, No. 2, 2010, p. 298.

④ 参见 Du, Michael M, Reducing Product Standards Heterogeneity through International Standards in the WTO: How Far across the River? Journal of World Trade 44, No. 2, 2010, p. 298.

4.2.2 国际标准化组织（ISO）——私人标准准法律性的自由进路

成立于1947年的国际标准化组织是当下全球最大的国际标准制定与发展机构。① 从可持续发展、食品、水源、汽车、气候变化、服务、能源效率等各方面全面制定标准，至今该组织已经发布超过19500件几乎覆盖所有技术及商业领域的国际标准。②

国际标准化组织制定的标准本质上属于私人标准，因为该机构成员为排除国家实体外的业界代表或非政府组织。其宣称自己是一个"独立的，由非政府机构组成的国际性组织"。组织章程是国际组织的权力来源，也是国际组织赖以存在的法律基础。③ 即使对于私人企业与公司而言，两者的组织章程也构成其作为独立法律人格者的基础。《国际标准化组织章程》明确规定国际标准化组织是一个非政府组织。其第三条明确，国际标准化组织的成员应是"根据第三条第一款第一项所定义的成员团体或是第三条第一款第二项所定义的通信成员和注册成员"。而且其成员资格也是至少向所有WTO成员所开放。

当然，在许多学者看来，国际标准化组织是一个"私人性质的组织"，④ 国际标准化组织的成员来自于成员国内所组织成立的

① http://www.iso.org/iso/home/about.htm, last visited on 3 September 2013.

② http://www.iso.org/iso/home/about.htm, last visited on 3 September 2013.

③ 参见梁西，《国际组织法》，武汉大学出版社2001年版，同时也可参见David A. Wirth, The International Organization for Standardization: Private Voluntary Standards as Swords and Shields, Boston College Environmental Affairs Law Review, 2009, 36 (1).

④ 例如Kingsbury, Krisch and Stewart, the Emergence of Global Administrative Law, 68 Contemporary Problems 15, 2006, p. 22; David A. Wirth, The International Organization for Standardization: Private Voluntary Standards as Swords and Shields, Boston College Environmental Affairs Law Review, 2009, 36 (1).

标准化机构，其主要利益攸关者为工业或工业协会。① 以美国为例，基于国际标准化组织的代表为美国国家标准学院（ANSI），是一个完全的私人机构。而部分国家的代表则是例如国家标准制定机构等政府实体。虽然市民社会的主要成员，诸如消费者团体、非政府组织及贸易联盟正渐次在有关社会责任的国际标准制定中扮演重要角色，但是在其他专业领域，其主要利益攸关者结构维持稳定。②

国际标准化组织最为主要的工作在于制定及发展除与国际电工委员会领域相重叠的产品自愿标准。该标准制定过程通过协商一致③最终得以完成。但是与其他国家间政府组织所制定的准则不同，国际标准组织所制定的标准并非国际法意义上的硬法，从而不具法律效力。④ 至少就美国而言，国际标准组织所制定的标准是由私人所通过及采用的。⑤ 每年从国际标准化组织通过的标准多达一千多个。以 2013 年为例，国际标准化组织通过了超过 1000 个国际标准，平均每天高达三个国际标准得以通过。

如上文所述，由于《TBT 协定》附件一第四条已就“国际实体”措辞作出界定，意指：“体系或机构的会员资格至少向所有 WTO 成员的相关机构开放”，有观点认为该“国际实体”的外延

---

① 参见 Steven Bernstein, Erin Hannah, Non-State Global Standard Setting and The WTO: Legitimacy and The Need For Regulatory Space, Journal of International Economic Law 11 (3), p. 598.

② 参见 Steven Bernstein, Erin Hannah, Non-State Global Standard Setting and The WTO: Legitimacy and The Need For Regulatory Space, Journal of International Economic Law 11 (3), p. 599.

③ http://www.iso.org/iso/home/about.htm, last visited on 3 September 2013.

④ 参见 Du, Michael M, Reducing Product Standards Heterogeneity through International Standards in the WTO: How Far across the River? Journal of World Trade 44, No. 2, 2010, p. 298.

⑤ 参见 C. Dankers. Private Standards in the United States and European Union Markets for Fruit and Vegetables: Implications for Developing Countries, Fao Commodity Studies, 2007, p. 70.

应包括政府间国际组织，例如食物法典委员会或非政府机构，例如国际标准化组织，而且基于《TBT 协定》附件一第八款对“非政府机构”的界定，应是指具有法律权能执行技术规范的实体。① 因此，对于如何理解“国际实体”的具体含义成为判定《TBT 协定》国际标准制定机构的关键。这也牵涉到如何理解“非政府机构”一措辞。因此，笔者以为，若按本书所持的对“国际实体”中“非政府机构”的广义解释，则国际标准化组织（ISO）可以成为私人标准在《TBT 协定》中被赋予准法律性的一种进路。

4.3 私人标准对 WTO 合法性提出挑战

4.3.1 全球治理下的合法性

在当下跨越国境的全球治理背景下，权力的分布多半并非垂直性的，如同国内的法律体系所确立的权力分布一样，而是平面性的或“网络性”的。权力的分布是由多种对同一问题都有主张的平行实体的主张所构成。② 在声称对实体问题享有权力的主体出现多样性的情况下，问题就变为我们如何找到被授权的权力，确认不被授权的权力。③ 也正是基于此原因，全球治理实体的合法性就成为中心问题。

合法性这一概念，正如一面多棱镜，在不同的语境下会出现不同效果。就国内层面而言，国家的合法性主要是来自人民的授权、

① 参见 Du, Michael M, Reducing Product Standards Heterogeneity through International Standards in the WTO: How Far across the River? Journal of World Trade 44, No. 2, 2010, p. 298.

② 参见 James Rosenau, Governance in a New Global Order, in David Held and Authony McGrew (eds), Governing Globalization-Power, Authority and Global Governance, Cambridge: Polity Press, 2002, p. 150.

③ 参见 Allen Buchanan and Robert O. Keohane, The Legitimacy of Global Governance Institutions, 20 Ethics and International Affairs 405, 2006, p. 407.

民主的宪政体制、稳定的社会制度乃至高效的司法体系。①

马克斯·韦伯将合法性（Legitimacy）作为一种社会学现象进行研究，韦伯认为，"合法性就是人们对享有权威的人的地位的承认和对其命令的服从"。② 而哈贝马斯则认为，"合法性意味着对于某种要求行为正确的和公正的存在物而被认可的政治秩序来说，有着一些好的根据。一个合法的秩序应得到承认。合法性意味着某种政治秩序被认可的价值"。③

因此，根据马克斯·韦伯的观点，合法性其实可以理解为权威来源的合法性。因为只有权威来源合法，人们对于权威的人的地位才予以承认，同时也才会服从其命令。也正是基于此推论，在一个国家内，使得国家所创制的法律或规则获得合法性的方法是民主的程序以及过程。在马克斯·韦伯看来，国内法律制定以及程序的民主性决定了一国国内可以存有合法性的治理。正如托马斯·瑞斯（Risse）所认同的，"按照马克斯·韦伯对于合法性的理解，在一个民主体系内，我们说社会秩序是合法的意味着该制定规则以及法律的统治者得到市民大众的承认，在该秩序中，市民通过代议制参与到规制的制定中，同时也正是通过该程序与设置，能够通过其手上的选票把统治者赶下台"。④

---

① 参见 Thomas M. Frank, The Power of Legitimacy Among Nations, Oxford University Press, 1990, p. 26; Thomas Risse, Transnational Governance and Legitimacy, in Arthur Benz and Yannis Papadopoulos (eds), Governance and Democracy: Comparing National, European and International Experiences, (London: Routlege, 2006), p. 183.

② ［德］马克斯·韦伯著，林荣远译：《经济与社会》（上册），商务印书馆 1997 年版，第 239 页。

③ ［德］哈贝马斯著，张博树译：《交往与社会进化》，重庆出版社 1989 年版，第 184 页。

④ 参见 Thomas Risse, Transnational Governance and Legitimacy, in Arthur Benz and Yannis Papadopoulos (eds), Governance and Democracy: Comparing National, European and International Experiences, London: Routlege, 2006, p. 184.

合法性有一定的来源，也可以由许多因素所决定。① 其实，学者们对于合法性的来源因素一直颇有争议，不同的学者认为不同的因素在决定合法性时所扮演的角色不尽相同。② 但总体而言，他们都比较认可以下几点可以作为判断合法性来源的因素：发布规则的规制主体的专业从业性③，规制主体在公共民意中所享有的受尊重地位，规制主体内部运行的效率性等。④

关于合法性的分类，弗里茨教授（Fritz）把合法性依据一定的标准作出分类，分为内在合法性与外在合法性，内在合法性指的是法律或规则决策程序中的参与质量与情况；而外在合法性关注的则是所制定的规则或法律的问题解决性。⑤ 也正是在民主的体系下，内在合法性与外在合法性共同构成了国内或国际政治秩序的合法性。

对内在合法性与外在合法性的分类，在笔者看来，其实类似于理想与现实、形式正义与实质正义之争。内在合法性强调的是参与度问题，其侧重于形式上的合法，强调各个利益主体之间的利益诉求能否得到同等对待。而外在合法性则强调一种效率性，侧重的是

---

① 参见 Daniel Bodansky, The Legitimacy of International Governance: A Coming Challenge For International Environment Law? 93 American Journal of International Law 596, 1999, p. 623.

② 关于最近关于合法性的很多方面的争论及对治理这一措辞的批判，特别是治理中的民主合法性此措辞的评论，请参见 B. Guy Peters and Jon Pierre, Governance, Accountability and Democratic Legitimacy, in Benz and Yannis Papadopoulos (eds), Governance and Democracy: Comparing National, European and International Experiences, London: Routledge, 2006, p. 183.

③ Daniel Bodansky, The Legitimacy of International Governance: A Coming Challenge for International Environmental Law, 93 American Journal of International Law 596, 1999. p. 603

④ 例如马克斯·韦伯把其称为“charisma”，参见 Max Weber, Economy and Society: An Outline of Interpretive Sociology, in Guenther Roth and Claus Wittich (eds), Berkeley: University of California Press, 1978, p. 215.

⑤ 参见 Thomas Risse, Transnational Governance and Legitimacy, in Arthur Benz and Yannis Papadopoulos (eds), Governance and Democracy: Comparing National, European and International Experiences, London: Routlege, 2006, p. 185.

问题能否解决的逻辑。笔者以为，内在合法性与外在合法性两者间有统一的一面。内在合法性在很大程度上决定外在合法性。一项法律或规则只有在内在合法性得到满足时，方能在外在合法性上获得极大的发挥与满足。反过来说，如果其内在合法性本身存在瑕疵，在该规则或法律则在执行上会遇到极大的障碍与困难，直接导致其效率性的发挥。

与合法性这一措辞相关，但是又有区别的则是问责性（Accountability）这一措辞。问责性，在马克斯·韦伯看来，是一种委托人与代理人之间的关系。在该种关系中，个体、集体或者其他实体委托-代理人，同时对其作出要求，要求其向委托人负责，汇报其行为，同时，委托人对代理人可以施加惩处。① 同时，基欧汉又把问责性区分为内在问责性与外在问责性。在其观点看来，内在问责性意指委托人对代理人的授权与支持保持一种组织性的连接关系。例如在一国国内，民主性政府需要对选举以及支持其成为政府的选民负责，两者在体制内就存在一种组织性联系。② 而外在问责性，指的则是权力主体对于处于其外围，并非处于组织体系内但是受其影响的团体或者人民。以全球标准为例，则是指非处于标准制定组织内参与决策但受其影响的公司或团体。

因此，在有的学者看来，合法性侧重于强调的是规则本身所带来的社会以及政治秩序的质量，而问责性强调与侧重的是参与者之间的关系。③ 因此，合法的规则并非必然正当，只要其能给本身、社会以及政治秩序带来质量上的保证。合法性也可能导致多数人的暴政的产生。如此论述，多少有凯尔森所理解的“恶法亦法”的倾向。也正是考虑到此原因，笔者认为问责性与合法性是一致的，也只有两者处于统一水平线上，方能保证合法性与正当性相统一。

① 参见 Weber，M & Keohane，R. Global Governance and Democratic Accountability，working paper. Avaiable at http：//www. poli. duk. p. 2004，p. 12.

② 参见 Weber，M & Keohane，R. Global Governance and Democratic Accountability，working paper. Avaiable at http：//www. poli. duk. p. 2004，p. 18.

③ 参见 Thomas Risse，Transnational Governance and Legitimacy，in Arthur Benz and Yannis Papadopoulos（eds），Governance and Democracy：Comparing National，European and International Experiences，London：Routlege，2006，p. 183.

同时，着重强调外在合法性以及解决问题的效率性则会在实际中使得规则制定或者制度设置对能够高产的攸关者最为有利，而并非使受到该规则或制度影响最大的利益攸关方收益。①

在众多关于全球治理合法性的学理性研究中，经常都直接或间接地表明合法性必须被理解为“民主合法性”，同时这些研究也表明正是该合法性的民主因素的存在使该规则“合法”。②

可以理解的是，全球治理下的合法性可以简单地归结为“合法性”与“问责性”的结合。“问责性”是对“合法性”这一措辞另一种角度的诠释。在私人全球治理的背景下，当治理实体已经并非由人民直接选取的政府（西方模式）而是一个私人实体时，民主已经脱离于千人议会、万人投票的热闹场景，或是总统在丑闻后直接经过人民监督而下台的闹剧，而是一种活生生的与其所意在进行规制的主体之间的另一种方式的连接。只有以民主为前提，归责才可能；也正是只有在民主的体制下存活，嗣后体现出来的规则性、控制以及纠正方可表现得淋漓尽致。③

---

① 参见 Ngaire Woods, Global Governance and the Role of Institutions, in David Held and Anthony McGrew (eds), Governing Globalization-Power, Authority and Global Governance, Cambridge: Polity Press, 2002, pp. 39-40.

② 参见 Robert Keohane, Global Governance and Democratic Accountability, in David Held and Mathias Koenig-Archibugi (eds), Taming Globalization - Frontiers of Governance, Cambridge: Polity Press, 2003, p. 130. 相关部分提及：“我们生活在一个民主纪元。我与广为认知的理念一样，认为规则仅在它们遵从给了一定的民主原则并且合理地符合某些场合后才得以被赋予合法性。”

③ 参见关于“公共问责性的体系已经成为实施民主性安排的方式”的内容，Robert Keohane, Global Governance and Democratic Accountability, in Michael Dowdle, Public Accountability: Conceptual, Historical and Epistemic Mappings, in Dowdle (eds), Public Accountability-Designs, Dilemmas and Experiences, Cambridge: Cambridge University Press, 2006, p. 6; Jerry Mashaw, Accountability and Institutional Design: Some Thoughts on the Grammar of Governance, in Dowdle (eds), Public Accountability-Designs, Dilemmas and Experiences, Cambridge: Cambridge University Press, 2006, p. 153; Benedict Kingsbury, Nico Krisch and Richard Stewart, The Emergence of Global Administrative Law, 68 Law and Contemporary Problems 15, 2005, pp. 48-51.

4.3.2 WTO 的合法性危机

在 21 世纪进入全球治理高峰期以来，WTO 的合法性问题越发成为各学者以及成员国乃至国际组织关注的焦点。① 1995 年从 GATT 演变而来的 WTO 与其前身 GATT 相比，已经对全球治理所提出的要求给予或多或少的回应。虽然有的学者认为有的回应是合适的，而有的回应则是多余累赘的，但毋庸置疑，WTO 已经在争议声中适应了全球治理的要求，完成了相对华丽的转身与蜕变。《与贸易有关知识产权协定》《服务贸易总协定》《与贸易有关的投资协定》《技术性贸易壁垒协定》以及《政府采购协定》等协定已经把传统 WTO 在国际贸易规制中的触角延伸至诸多传统非边境的货物贸易之中。② 意味着要求国家在“边界后”（Behind-the-border）对国内法律及规制体系实施改革以满足要求。③ 这一转变也正是 WTO 合法性危机的主要来源。④

---

① 对此也产生了丰富的学术成果，关于 WTO 合法性的讨论，可以参见 Keohane, R. O, J. S. Nye, Jr, The Club Model of Multinational Cooperation and Problems of Democratic Legitimacy, in Roger Porter et al (eds), Efficiency Equity and Legitimacy: The Multilateral Trading System at the Millennium, Washington DC: Brookings Institution Press, 2001. Benedict Kingsbury, Nico Krisch and Richard Stewart, The Emergence of Global Administrative Law, 68 Law and Contemporary Problems 15, 2005, pp. 48-51; Andrew Guzman, Global Governance and the WTO, Harvard International Law Journal, 2004, 45 (2).

② 参见 Peter Lloyd, When should new areas of rules be added to the WTO? World Trade Review, 2005, 4 (2), p. 275.

③ 参见 Andrew Guzman, Global Governance and the WTO, Harvard International Law Journal, 2004, 45 (2), p. 303.

④ 参见 Sylvia Ostry, The World Trade Organization: System Under Stress, in Steven Bernstein and William D. Coleman (eds), Unsettled Legitimacy: Political Community, Power, and Authority in a Global Era, University of British Columbia Press, 2009; Robert Howse, The Legitimacy of the World Trade Organization, in Jean-Marc Coicaud and Veijo Heiskanen (eds), The Legitimacy of International Organizaitons, The United Nations University Press, 2001, pp. 355-407.

自21世纪全球化加剧以来，以WTO为核心构建的多边贸易法律体系，一直为众多学者、官员、非政府组织成员乃至市民社会所诟病。① 在2005年WTO秘书处所发布的《WTO未来》报告②中，WTO就其决策机制、争端解决机制等多方面存在的合法性试图作出改革。

直至当下，对WTO的合法性危机的探讨仍未结束，在全球化背景下，耶鲁大学的艾斯蒂（Esty）教授认为其合法性危机体现在以下方面③：首先：公众对WTO权力及决定权威的不信任性。④ 这主要体现在WTO的决策机制方面，其第二次世界大战后形成的“俱乐部”贸易体制理念与当下世界贸易份额与权力分配的模式不相匹配。原则上讲，公众对多边贸易体制的信心与权威信任并非来自其通过选举而任命的决策官员，而是其作为世界贸易治理机构在世界贸易治理方面所取得的前所未有的成就。⑤ 部分著名学者甚至认为，GATT及其继任者WTO均是一种大国技术性壁垒

---

① 参见Keohane, R. O, J. S. Nye, Jr, The Club Model of Multinational Cooperation and Problems of Democratic Legitimacy, in Roger Porter et al (eds), Efficiency Equity and Legitimacy: The Multilateral Trading System at the Millennium, Washington DC: Brookings Institution Press, 2001.

② 参见WTO Secretariat, The Future of WTO, available at http://www.wto.org/english/thewto_e/10anniv_e/future_wto_e.pdf, last visited on 2 September 2013.

③ 参见Daniel C. Esty, The World Trade Organization's Legitimacy Crisis, World Trade Review 1, 2002, pp. 7-22.

④ 参见Weinstein, M. M. and S. Charnovitz, The Greening of the WTO, Foreign Affairs 80, 2001, p. 147; Stokes, B. and P. Choate, Democratizing US Trade Policy, New York: Council on Foreign Relations, 2001; Bodansky, D. The Legitimacy of International Governance: A Coming Challenge for International Environmental Law, American Journal of International Law 93, 1999, pp. 56-58.

⑤ 参见Daniel C. Esty, The World Trade Organization's Legitimacy Crisis, World Trade Review 1, 2002, pp. 7-22.

(Technocratic）的决策机制①，整个体制充满官僚主义理念。② 其次，WTO 法律体系与日渐开放的全球治理问题的矛盾性。WTO 对全球治理所关注的诸如人权劳工标准、食品安全、环境问题乃至竞争问题不作为或不能作为。③ 在贸易与上述诸问题的平衡中，WTO 的表现差强人意。而上述问题随着全球治理的推进及全球一体化步伐加快，逐渐受到市民社会的更多关注。

总之，WTO 的合法性危机产生于内在合法性与外在合法性危机的结合。缺乏民主而广泛的参与机制，对全球治理出现的新问题的治理不能一直保持突出表现。

4.3.3 私人标准独立成为国际标准对 WTO 合法性产生冲击

虽然私人标准的准法律性地位未能得以确认，但逐渐增多的私人标准希望谋求在国际上发挥独当一面的作用，得到"世界公民"的认可。其存在似乎独立于 WTO 多边贸易体制，但是却产生了一

① 参见 Charnovitz, S. The World Trade Organization and Social Issues, Journal of World Trade 28, 1994, p. 17. Howse, R. The House That Jackson Built: Restructuring the GATT System, Michigan Law Review 20, 1999, p. 107; Shaffer, G. C, The World Trade Organization Under Challenge: Democracy and the Law and Politics of the WTO's Treatment of Trade and Environmental Matters, Harvard Environmental Law Review 25, 2001, p. 1.

② 参见 Weber, M, The Profession and Vocation of Politics, in P. Lassman and R. Speirs, eds, Political Writings, Cambridge: Cambridge University Press, 1994.

③ 参见 Dunoff, J. L, Institutional Misfits: The GATT, The ICJ and Trade-Environment Disputes, Michigan Journal of International Law 15, 1994, p. 1043; Esty, D. C, Nongovernmental Organizations at the World Trade Oragnization: Cooperation, Competition or Exclution, Journal of International Economic Law 1, 1998, p. 123; Keohane, R. O, J. S. Nye, Jr, The Club Model of Multinational Cooperation and Problems of Democratic Legitimacy, in Roger Porter et al (eds) Efficiency Equity and Legitimacy: The Multilateral Trading System at the Millennium, Washington DC: Brookings Institution Press, 2001.

股不可小觑的冲击力。逐渐增多的私人标准正在国际社会层面上获得越来越多的合法性支持，其同时已标榜自身为国际标准制定机构。①

在食品安全私人标准方面，BRC全球食品标准已成为英联邦国家的一种默认的交易标准。虽无任何文献或数据对该标准与食品委员所制定的标准做对比，然而可以确定的是其已成为一种国际上相当认可的准“国际标准”。② 又如涉及劳工、环境等多方面标准的ISEAL③，这一全球最大的社会与环境认证体系，甚至直接把其标榜为国际标准。其首个全球认可的成果——2004年发布的《制定社会环境标准良好行为规范》被各国政府和国际机构用于评估自愿性标准体系的可靠性。另外，其旗舰性文件——2006年制定的《社会及环境标准制定良好行为准则》，甚至要求成员在多方面采用及遵守《TBT协定》附件三中的《良好行为准则》及《TBT协定》第二次三年评审附件四中针对国际标准制定的相关规定，④同时亦根据国际标准化组织所制定的“标准”。另外，越来越多的政府及学者把环境、社会、劳工及人权标准视为对发展中国家产品

---

① 参见Steven Bernstein and Benjamin Cashore, Can Non-State Global Governance be Legitimate? An Analytical Framework, 1 (4) Regulation and Governance, 2007, p. 347; Errol Meidinger, Beyond Westphalia: Competitive Legalization in Emerging Transnational Regulatory Systems, in Christian Brutsch and Dirk Lehmkuhl (eds), Law and Legalization in Transnational Relations, Oxford and New York: Routledge, 2007, pp. 121-143.

② 参见Cova Dankers. Private Standards in the United States and European Union Markets for Fruit and Vegetables: Implications for Developing Countries. FAO, 2007.

③ ISEAL即国际社会与环境认可和标签联盟，是全球范围内推广自愿标准体系良好行为规范的主要倡议者之一，也是一家全球社会环境标准机构。

④ ISO, ISO/IEC Guide 59: 1994 Code of Good Practice for Standardization, Geneva, 1994.《标准制定良好行为准则》意在为政府间或非政府间标准制定机构通过协商一致制定标准提供指引。其包括发展及制定标准的程序、所制定标准对国际贸易的便利化、利益有关者参与、透明度及合作性等几部分内容。

及服务具歧视性的形式。这也使得在国家层面无法调和的矛盾通过私人标准的出现得以满足。

全球化是如此一种背景，治理主体的碎片化甚至“没有政府的治理”使得任何存续于该治理蓝图中的个体均受影响，所能做的只是适时调整。① 必须承认，私人标准完全属于全球化下市场主导形成的治理体系，只要其完全在市场运行同时也不受到政府的干预或资助，WTO 法律体系不能对其规制，两者犹如一对平行线，互不影响，互不相交。然而全球治理使得全球各项要素均捆绑一起，即使两平行线也会通过其磁场影响对方。同时伴随着 WTO 将其触角广泛延伸至环境、劳工、人权等方面，两者之间形成了一种进退维谷的困境。私人标准在全球治理中的成绩显现及效率表现，将使得 WTO 合法性越发受到市民社会的质疑。最为明显的在于 WTO 涵盖协定对诸如国际食品委员会或国际标准化组织等制定的国际标准的援引与适用。

总之，私人标准在外在合法性上弥补了 WTO 合法性危机所潜在的某些特定领域治理不足，在内在合法性上又囊括了多数在 WTO 多边贸易体系下无发言权或决定权的治理主体。② 私人标准正在 WTO 所能触及或不能触及的领域逐渐发挥其影响力。

---

① 参见 Thomas Risse, Transnational Governance and Legitimacy, in Arthur Benz and Yannis Papadopoulos (eds), Governance and Democracy: Comparing National, European and International Experiences, London: Routlege, 2006, p. 183.

② 参见 Steven Bernstein, Erin Hannah, Non-State Global Standard Setting and The WTO: Legitimacy and The Need For Regulatory Space, Journal of International Economic Law, 2008, 11 (3), p. 599.

第5章　一种进路——多边货物贸易体制下私人标准问题的解决

WTO 所确立的多边货物贸易体制法律框架内并没有直接对私人标准进行规制的基础与依据。虽然《SPS 协定》可作为规制私人标准法律依据，但至今 WTO 内并无任何司法判决或具法律拘束力的决议支持该观点，因而继续推动《SPS 协定》委员会对私人标准问题的探讨十分必要。《TBT 协定》，其也不能为在货物贸易体制下规制私人标准行为提供法律基础。总之，WTO 协定条款的模糊性与不确定性为在 WTO 法律框架内调整私人标准化行为增加了不少难度。因此，需要在 WTO 框架内抱有一个开放的态度，寻求日后解决该问题的可能方案。同时，也可以在国内层面对私人标准的规制做出设想。①

同时，可承认私人标准产生的背景与环境，充分运用全球行政法、全球治理、公私伙伴关系等理论的核心原则及理念，为私人标准在多边货物贸易体制下的解决提供一条进路。

5.1　源与流——私人标准问题解决措施在 WTO 多边货物贸易框架下的讨论

5.1.1　回顾与评价——SPS 及 TBT 委员会内成员国建议及措施

在全球众多私人标准的发展中，主要涉及食品安全方面的私人

① 由于本书主要在 WTO 货物贸易框架范围内讨论私人标准问题，因此国内法层面的调整不详细叙述，仅提供一个思路。

标准发展最为迅速，也招致最为广泛国家的关注与讨论。在该背景下，SPS 委员会对于私人标准的探讨也最为活跃。虽然至目前为止，SPS 委员会并没就私人标准于《SPS 协定》下的规制做出任何具有法律拘束力的决定，私人标准问题也并未在其他协定委员会中形成任何具有共识性以及拘束力的决定，但在 WTO 框架下，已有相当数量成员国在 SPS 委员会下提出解决方案。

SPS 委员会内成员国的解决方案主要分为以下三类：(1) 暂时不采取任何措施，在 WTO 货物贸易框架下继续讨论私人标准相关问题，同时保持与各标准制定组织保持联系与沟通。例如在 SPS 委员会讨论中，大部分成员国认为，SPS 委员会、食品法典委员会、动物兽疫局、《植物保护国际公约》应各自更新其关于私人标准方面的发展。① 这四个组织的秘书处应该定期交流信息并且对涉及该领域的问题定期举行磋商及探讨，以及时应对私人标准所可能带来的问题与影响。② WTO 秘书处定期向 SPS 委员会报告 TBT 委员会以及其他委员会关于私人标准的发展情况。以 SPS 委员会为例，在世贸框架内对该问题的讨论以及其他场合对该问题的讨论都折射出这样一个情况：私人标准已经并且将继续在国际贸易中扮演

① 参见 WTO, Committee on Sanitary and Phytosanitary Measures, Report of the Ad hoc Working Group on SPS-Related Private Standards to the SPS Committee, G/SPS/W/256, 3 March 2011, p. 1. 事实是动物兽疫局委员会也在 2009 年其第 32 届定期会议上首次讨论了私人标准的问题。随后，由动物委员会和世界卫生组织联合发布的关于《私人食品安全标准对食品销售链以及公共标准制定程序的影响》的报告也在该次会议上发布。就动物兽医局而言，其成员已经在 2008 年 5 月通过了一份关于私人标准对国际动物以及动物贸易产生影响的决议。该决议要求动物兽医局总干事"尽可能与国际性的政府间以及非政府间组织合作，考虑到私人实体的影响"。但是截至目前，在《国际植物保护公约》中，有关私人标准的讨论十分有限。Committee on Sanitary and Phytosanitary Measures, Report of the Ad hoc Working Group on SPS-Related Private Standards to the SPS Committee, G/SPS/W/256, 3 March 2011.

② 参见 WTO, Committee on Sanitary and Phytosanitary Measures, Report of the Ad hoc Working Group on SPS-Related Private Standards to the SPS Committee, G/SPS/W/256, 3 March 2011, p. 2.

重要的角色，同时对产品进出口商产生深远且巨大的影响，其产生与发展是机遇伴随着机会。这些标准涵盖了安全、品质、社会以及环境问题，由于涉及的领域广泛，故受众范围也随之广泛。也正是基于该问题的广泛性以及SPS委员会职能的专业性，有的成员认为SPS委员会应该把其对该问题的讨论以及工作集中于涉及卫生以及植物卫生检验检疫方面的私人标准上，当然SPS委员会范围内主要是关于食品安全的领域。虽然某些成员国担心超出SPS私人标准的讨论会直接影响讨论的结果。但是需要指出的是，其实一个私人标准并非仅仅涉及某一方面。很多私人标准，例如GLOBALGAP，在涵盖食品安全的同时也涵盖其他的要求，例如某些属于TBT协定进行规制甚至并不属于与生产与制作工艺相关的标准，这也直接导致SPS的相关要求很难单独决定，从而影响其他方面的贸易效果。另一方面，进出口商也对在SPS措施与TBT措施之间或者公共标准以及私人标准之间的区分没有太明确的概念。他们所关心的只是他们所做的能否满足进口商的所有要求。因此，SPS委员会应该决定把对该问题的讨论局限在《SPS协定》附件A第一段中所陈述的该协定的宗旨上。但是此选择所面临的问题则是，《SPS协定》有可能仅仅适用于与动植物卫生健康方面相关的私人标准，因此其他方面的私人标准应该如何定义，确实是一个《SPS协定》委员会与WTO其他协定委员会要相互进行沟通和协商的问题。① SPS委员会确定一个可行的私人标准定义，② SPS委员会制定属于本协定的《良好行为规范》。成员国意见认为，另外一个可能的办法则是制定如同《TBT协定》附件三中的《良好行为规范》。该准则将会为成员国在《实施卫生与植物卫生实施协定》中调整私人行为提供指引。成员国需要采取其力所能及的合

① 参见WTO, Committee on Sanitary and Phytosanitary Measures, Report of the Ad hoc Working Group on SPS-Related Private Standards to the SPS Committee, G/SPS/W/256, 3 March 2011, p. 2.

② 参见WTO, Committee on Sanitary and Phytosanitary Measures, Report of the Ad hoc Working Group on SPS-Related Private Standards to the SPS Committee, G/SPS/W/256, 3 March 2011, p. 3.

理措施以保证地方政府以及非政府标准设立实体接受以及遵守该准则。当然，与《TBT 协定》不同，《SPS 协定》并没有对“技术性规范”与“自愿标准”作出明确的区分。其只在附件一中对卫生与植物卫生措施的措辞作出了定义。因此，《实施卫生与植物卫生检验检疫协定良好行为规范》应该以 SPS 委员会建议的形式为之，或者通过 SPS 委员会的上级机关提交部长级会议审议通过。但是考虑到相当部分私人标准同时包含 SPS 以及与 TBT 相关的因素，因此，应该鼓励涉及私人标准的实体同时签署《技术性贸易壁垒良好行为规范》。需要注意的问题是，《TBT 协定良好行为规范》中的“非政府标准制定组织”是否包括 SPS 委员会在众多次会议中讨论所意指的私人标准设定实体。这一问题也是值得成员国之间继续讨论的。①（2）修改 WTO 涵盖协定以对私人标准问题进行调整，明确对私人标准的规制或者进一步对某些可能使用于私人标准的条款进行诠释和解读。（3）SPS 委员会寻求正式解释《SPS 协定》是否适用于私人标准。②

在 TBT 委员会 2009 年 11 月对《TBT 协定》的第五次三年审议中，私人标准问题成为成员国讨论的主题之一。该审议报告在相关部分指出：“TBT 委员会认识到很多成员国关注私人标准及其对国际贸易所造成的影响。”③ 但是至今为止，以笔者研究所得，TBT 委员会对于私人标准的讨论还是十分稀少，其对私人标准的研

---

① 参见 WTO, Committee on Sanitary and Phytosanitary Measures, Report of the Ad hoc Working Group on SPS-Related Private Standards to the SPS Committee, G/SPS/W/256, 3 March 2011, p. 6. 虽然《良好行为规范》的接受是自愿性质的，但是以上数据在一定程度上表明其运行的高效性。参见 G/TBT/CS/2/Rev. 16.

② 参见 WTO, Committee on Sanitary and Phytosanitary Measures, Report of the Ad hoc Working Group on SPS-Related Private Standards to the SPS Committee, G/SPS/W/256, 3 March 2011, p. 10.

③ 参见 WTO, Committee on Technical Barriers to Trade, Fifteenth Annual Review of the Implementation and Operation of the TBT Agreement, Note by the Secretariat, G/TBT/28, 5 February 2010.

究远没有 SPS 委员会富有成果，具体的解决方案也未在委员会框架内得以提出或通过。

学者方面，有的学者建议，由于私人标准也是可以通过非政府组织制定的，同时《马拉喀什建立世界贸易组织协定》第五条已经对 WTO 与其他非政府组织之间的关系进行了规定,① 因此可在 WTO 体系内建立一个特别委员会以解决非政府组织所设定的标准及其他与非政府组织相关的问题,② 进而与相关的非政府组织就私人标准问题进行协商与合作。

5.1.2 对现有建议的评价

对以上 SPS 委员会或 TBT 委员会乃至其他成员或学者的建议，笔者得出以下几点认识：

首先，虽多数发展中国家认识到私人标准对市场准入以及国际公平贸易带来的负面影响，但大多数成员国并不支持在 WTO 体制内通过争端解决程序解决问题，而希望通过缓和的手段，如委员会成员间互相协商，WTO 相关委员会间相互协商，WTO 与相关标准制定组织互相协商，或者进一步明确私人标准的范围，明确所要讨论问题的解决方式仍是主流。原因在于现有的 WTO 相关协定可能由于措辞模糊而对申诉方产生不利影响，故申诉方可能对利益潜在受损并没有十足把握。另外，这也部分折射出以下现实：即使发达

① 第五条规定："总理事会应就与世贸组织事务有关的各种非政府组织的协商和合作作出适当安排。"参见 Marrakesh Agreement Establishing the World Trade Organization. Art 5. available at: http: //www. wto. org, last visited on 3 September 2013.

② WTO 被认为是一个政府对政府间组织。这意味着非政府组织在 WTO 中无一席之地，然而一个指导委员会，则是该组织中与其他委员会相类似的机构，参见 Julio A. Lacarte, Transparency, Public Debate and Participation by NGOs in the WTO, Journal of International Economic Law 7 (3), 2003, pp. 683-686; John H. Jackson, The WTO "Constitution" and Proposed Reforms, Journal of International Economic Law 7, 2001, pp. 75-77.

国家之间也并没有就私人标准问题达成一致,① 而发展中国家虽然对私人标准实际上构成贸易壁垒表示关注，但是很多发展中国家，例如中国、巴西、印度等，并没有对此问题的修正或建议表现出足够的兴趣，它们因而也就没有就该问题提出建议。② 因此，在合理推断下，笔者认为可能主要发展中国家已经意识到私人标准问题在国际贸易中给发展中国家带来的优势比劣势更多，此选择更为符合国家利益。

其次，就修改 WTO 涵盖协定建议而言，虽国内也有观点持支持态度,③ 同时《马拉喀什建立世界贸易组织总协定》第十条对 WTO 协定的正式修改提供了法律基础，但对 WTO 协定作出正式性的修改，自 GATT 以及 WTO 成立以来，仅仅发生过为数很少的几次。④ 换言之，若非情非得已，要对 WTO 协定作正式修改，其实是一件十分困难的事。笔者以为，对 WTO 协定的正式修正或提请

---

① 参见 Jan Wouters, Axel Marx, Nicolas, Hachez, Private Standards, Global Governance and Transatlantic Cooperation, The case of Global Food Safety Governance, available at http://www.transatlantic.be/publications/wouters-marx-hachez_final.pdf. p. 22.

② 参见 Committee on Sanitary and Phytosanitary Measures, Private Standards and the SPS Agreement, Note by the Secretariat., G/SPS/GEN/746, 24 January 2007; Report of the Ad Hoc Working Group on SPS-Related Private Standards to the SPS Committee, WTO SPS Committee, G/SPS/W/256, Geneva, 3 March 2011; Possible Actions for the SPS Committee Regarding Private SPS Standards, WTO SPS Committee G/SPS/W/247/Rev. 1, 5 March 2010.

③ 参见陈亚芸，《私人标准对 SPS 协定的挑战》，载于《时代法学》2010 年第 6 期，第 100 页。该观点认为，通过修改《SPS 协定》《TBT 协定》条款，直接明确将私人标准的行为囊括其中，为争端解决提供一个法律依据确是不错的选择。虽然以何种方式进入，两个协定的管辖的边界在哪，将是下一步需要讨论的问题，但相比其他建议，修改现有规则对私人标准进行规范现实可行性更大，也期待 SPS 委员会或 TBT 委员会能在私人标准问题上有所突破，维护发达国家和发展中国家间的贸易平衡，更好地发挥其应有的作用。

④ 参见 John. H. Jackson, The World Trading System: Law and Policy of International Economic Relations, 2nd edition, The MIT Press, 1997.

上一级理事会对协定某条款作出解释和澄清似乎不太现实，原因在于 WTO 的协商一致决策模式。如上文所述，就私人标准问题，在《TBT 协定》及《SPS 协定》委员会内部讨论中发达国家与发展中国家间产生了巨大的分歧，更勿论之前在环境与贸易（CTE）委员会或 TBT 委员会中就与产品无关的生产工艺进行的讨论。这也决定了在当下 WTO 决策机制协商一致模式下讨论私人标准这一成员国间分歧巨大的问题并不符合成本利益以及最优资源配置。① 而作为人类社会生活中不可分割的组成部分，交易成本在法律制度安排、解决纠纷程序和人们的实际法律行为中起着重要作用。其是解释法律制度的内在逻辑和演变过程的基本范畴。②

因此，由于对原有 WTO 协定进行修订需协商一致达成，估计不会对发展中国家以及发达国家之间对私人标准问题的观点的差异起任何调和作用，最后的结果十分可能如多哈回合谈判一般，以失败告终。值得注意的是，发达国家更不可能不关心其国内生产者与消费者对于私人标准的利益诉求。因此，此方法在笔者看来实难解决此问题。

① 参见 Anna Lanoszka, The Promises of Multilateralism and the Hazards of "Single Undertaking": The Breakdown of Decision Making Within the WTO, Michigan State Journal of International Law, 2008 (3).

② 这里的问题主要在于对于 WTO 协定的正式修改需要成员国间以一致意见为之，即协商一致。然而，协商一致在 WTO 中确有瑕疵。因此，撇开协商一致所反映的国家主权平等先不谈，其所赋予的每一成员国可以完全扼杀谈判和协商的权利似乎就并不是一种对于资源的最高配置，在这样一种配置中，交易成本即协商过程大大增加，而往往最后的结果却是竹篮打水一场空无法达成任何实质性的共识。正如多哈回合谈判给我们的启示一样：只要有一个成员国反对，不管它是发达国家、发展中国家，还是最不发达国家（LDC），都可以拥有"扼杀"谈判的权利。关于 WTO 决策机制及协商一致决策机制，可参见 Anna Lanoszka, The Promises of Multilateralism and the Hazards of "Single Undertaking": The Breakdown of Decision Making Within the WTO, Michigan State Journal of International Law, 2008 (3), p. 9; P. Drahos, When the Weak Bargain with the Strong: Negotiations in the World Trade Organization, International Negotiations. 2003 (8), pp. 84-85; R. Wilkinson, Multilateralism and World Trade Organization, Routledge Press, 2000, p. 6.

再次，国际贸易法作为国际法的一个分支，① 包括 WTO 法都是调整国家与国家之间贸易关系的。从其本质上窥知，其属于国际公法的层面，运用的是硬法、条约、国际习惯等传统国际法渊源的手段。而私人标准的盛行，本质而言为国际商法盛行的结果，同时也是全球治理下对于跨国私人治理的必然要求。以国家之间法为基础以规制本质上属于私人自治的领域，在传统观点看来，不是贻笑大方，就是会被认为是异想天开。鲍威林教授早在 2001 年全球治理盛行时就已意识到此问题的重要性，提出 WTO 可能在当下的国际贸易中已经错过调整某些领域事项的最佳时机。② 以国际贸易法为例，WTO 法意在提供公共物品，在宏观角度上对国家之间的贸易行为进行调整，最终达至公平贸易、自由贸易的目的。但是可以进一步推论的是，公平贸易、自由贸易的最终目的为何？最终受益者为何？最终受益者与公共物品间的关系又为何？公平贸易又应如何与全球治理下逐渐萌发的其他利益，特别是私人实体所关心的利益觅得平衡？以上问题的回答均对在 WTO 领域内调整私人标准问题提出挑战，实难通过 WTO 法对私法的过度干涉觅得平衡。

最后，以上建议均是在 WTO 体制内发生的，所有建议都仅仅把目光投向 WTO 体制内，因此，我们首先是否应该反思对私人标准应否干涉？这也是一切在 WTO 框架内解决方案的前提。世界贸易组织是一个国际性的国家政府间组织，其以促进自由、平等以及不扭曲的竞争的国际贸易为宗旨。③ 为了实现该目标，国际协定得以通过规则以及纪律的方式对各个成员国所通过的有关国际贸易方面的政策作出详细的规制。同时，各国世界贸易学者所广为认可的是，自由贸易的目标能且仅能在具备明确法律规则前提下得以实

① 参见 Joost Pauwelyn, The Role of Public International Law in the WTO: How Far Can We Go? American Journal of International Law, Vol. 95, No. 3, July 2001, pp. 535-581.

② 参见 Joost Pauwelyn, Non-Traditional Patterns of Global Regulation: Is the WTO 'Missing The Boatt'? presented at the European University Institute, Florence, 24-25 September 2004, Conference on Legal Patterns of Transnational Social Regulations and Trade, p. 1.

③ 参见《马拉喀什建立世界贸易组织协定》序言部分。

现。原因在于该方式是私人主体能够以正常方式从事其商业行为所必需的，这也正是法律的明确性与可预见性两个法律本质特点的要求。

因此，在讨论私人标准与 WTO 法之间的关系时，其中一个十分重要但又通常被忽视的问题在于 WTO 协定是否应该对私人标准进行规制。理论上说，如果法律有要求，则一旦一项产品满足所有法律要求的标准与门槛，所有的私人企业必须购买该产品，此之谓强制。然而，中心问题在于一旦一个产品满足所有相关要求——包括世贸成员国所苛以的义务，其已经履行其根据 WTO 协定所负的义务，包括《SPS 协定》以及《TBT 协定》而在市场上销售，则参与分销链的所有私人实体（包括进口商、分销商以及零售商）都不能再被苛以额外条件。换言之，某些义务承担至国家层面即可，而不应该直接对私人行为进行规制。毫无疑问的是，存有其他专为私人标准设计的 WTO 门槛或者标准，而这些标准比政府（目前主要是通过《SPS 协定》与《TBT 协定》）所苛以的标准相对要低，但是要符合那些标准的规定需要非常大的成本投入，从而也会遭到公司企业的反对。以食品安全方面的私人标准为例，一如学者所认同的，"在一个自由市场中，政府对于经济活动参与者的常规竞争行为的干涉程度应该仅仅局限在追逐公共福利，例如是保护消费者或者是反不正当竞争的程度上。存有疑问的是，对于消费者追逐食品安全的追逐可能就不应该受到政府这方面的限制与干涉"。① 无独有偶，欧盟在其向《SPS 协定》委员会所提交的答复中指出，传统的观点认为规制国家之间贸易关系的法律规则仅能针对国家的行为而适用。欧盟的潜在逻辑则是，由于私人标准问题本质上属于私人行为，作为规制国家之间贸易关系最为重要的 WTO 法律规则不应该对私人标准这一问题进行干涉与规制。②

---

① 参见 Denise Prevost, Balancing Trade and Health in the SPS Agreement: The Development Dimension, Wolf Legal Publishers, Nijmegen, 2009.

② 参见 WTO, Committee on Sanitary and Phytosanitary Measures, Private Standards and the SPS Agreement, Note by the Secretariat. G/SPS/GEN/746, 24 January 2007.

当然，在 WTO 体系内已有的很多讨论中，很多发展中国家指出私人标准有可能成为贸易保护的工具与武器，这也直接导致这样一个问题的产生，即私人标准体系是否属于 WTO 法律规则调整的范围。在讨论最开始，瑞士政府就提醒众多 WTO 成员方，私人标准完全是一项反映市场行为的新兴形式，其发展与实施有可能完全独立于政府的干预与支持，因此并不属于 WTO 法律调整的范围。① 虽然政府经常通过立法鼓励或者促进私人标准的发展，瑞士政府也相信此鼓励与支持应该仅限于增进经济效益性以及可持续发展的目的，同时此种鼓励与支持也必须符合 WTO 规则中的非歧视性的义务。② 但是，笔者必须强调，WTO 就私人标准所拥有的权限仅仅限于 WTO 成员方政府涉及此类标准的行为，而并非私人标准行为本身。因此，WTO 法律规则并不能，实际上也的确不能调整完全没有政府支持或者干涉的私人标准行为。这也是各个成员国在讨论解决方案时所必须考虑的因素。

5.2　域外规制——竞争法框架下解决私人标准问题

5.2.1　WTO 与竞争政策

WTO 与竞争政策③之间有不少的渊源。贸易自由化与竞争政策目标在本质上具有一致性，决定了 WTO 的政策目标和法律体系

---

① 参见 WTO, Committee on Sanitary and Phytosanitary Measures, Voluntary Standards, Submission by Switzerland, G/SPS/GEN/967, 20 October 2009, p. 11.

② 参见 WTO, Committee on Sanitary and Phytosanitary Measures, Voluntary Standards, Submission by Switzerland, G/SPS/GEN/967, 20 October 2009, p. 11.

③ 关于 WTO 与竞争政策的讨论，可参见 WTO 官方网站 http: // www. wto. org/english/tratop_e/comp_e/comp_e. htm，本节不详细论述。国内外已产生丰富的研究成果，具体可参见 Bernard Hoekman, Competition Policy and the Global Trading System: A Developing-Country Perspective, The World Bank Policy Research Working Paper 1735, March 1997; Peter Lloyd, When Should New Areas of Rules be Added to the WTO? World Trade Review 4, 2005, pp. 275-293;

必须包括竞争政策，否则就是不完整的。① 由于 WTO 是世界上最大的国际贸易组织，它所制定的竞争规则可以得到国际社会最广泛的接受，因此，国际上一些组织和学者很自然地期望能在 WTO 框架下建立国际竞争的规则，而 WTO 也确实在尝试着为此作出某种努力。② 长期以来，在贸易与竞争政策问题上，发展中成员与发达成员存在重大分歧。发展中成员坚持在联合国贸易与发展会议的框架下讨论这一问题，OECD 多年来也一直按照它的"竞争法和政策委员会"的框架来处理该问题。但是，上述任何一种解决办法都不具有法律的约束性。而 WTO 中关于竞争政策问题的工作多年以来主要是针对具体贸易政策问题作出具体反应，而对这一问题并不在总体上加以考虑，迄今为止，WTO 协定框架之下尚不存在一项全面的、有关竞争原则的协定，乌拉圭回合最后文本的各项协定只不过是以不同的形式与竞争政策相关联。③ 有鉴于此，1996 年在新加坡召开的第一届 WTO 部长级会议上，设立了研究贸易与竞争政策相互关系的工作组，以研究贸易和竞争政策。2001 年 11 月 14 日通过的《多哈宣言》决定：在第五次部长级会议（坎昆会议）就谈判模式达成明确一致的基础上，在该届部长级会议后就关于竞争政策的多边框架进行谈判。但是，坎昆会议并未就竞争政策取得任何成果，而且谈判最终也因各成员对竞争政策等"新加坡议题"的分歧太大而破裂。然而，正如《多哈宣言》所指出的那样，"我们必须在某些关键领域进行更多的工作"，采取必要行动进一步推动 WTO 竞争政策的发展。迄今在 WTO 的框架下有关竞争政策的谈判还未真正开始，国际上存在着协调竞争政策的要求，而 WTO 则是协调各国竞争政策的最合适的场合。

WTO 的竞争政策竞争政策曾经是 WTO 的新议题，同时也是一

① 参见 http：//www. wto. org/english/thewto_e/whatis_e/tif_e/bey3_e. htm #investment.

② 参见 Peter Lloyd, When Should New Areas of Rules be Added to the WTO? World Trade Review 4, 2005, pp. 275-293.

③ 参见 Peter Lloyd, When Should New Areas of Rules be Added to the WTO? World Trade Review 4, 2005, pp. 275-293.

个非常重要的议题。WTO 曾经的许多最新议题，包括贸易与投资问题、贸易与环境问题、贸易与劳工标准、电子商务、政府采购、贸易便利措施、贸易与发展等，均与竞争政策存在密切关系。事实上，竞争政策比现有 WTO 规则更能体现市场经济本质，并且更具有广泛性，从另一方面也可以说，现有 WTO 规则是竞争的具体表现。通常认为，竞争政策是促进竞争而不是限制竞争的，因此，竞争政策一般是指市场经济国家为保护和促进市场竞争而实施的一项基本经济政策，其核心目标是通过保护和促进市场竞争，确保竞争机制在相关市场发挥作用，从而提高生产效率和资源配置效率，增进消费者福利。按照 WTO 贸易与竞争工作组的观点，竞争政策的概念包括竞争法律，也包括旨在促进国内经济竞争的其他各项措施，例如部门规章和私有化政策。因此，这种广义上的竞争政策比竞争法在范围上要广泛，它包括放松经济管制、促进竞争自由和市场开放的各项政策，其可以体现为综合竞争法、含有竞争规则的部门法规或其他由政府所采取的强化市场竞争的政策措施。但是，竞争政策无疑是以竞争法为核心的，因为竞争政策本身在很大程度上是一种法律化的经济政策或者主要是通过法律来实施的经济政策。与其他经济政策相比，竞争政策的一个重要特点是以具体的有关法律为基础的，或者说这些法律本身就属于竞争政策的内容。

但是非常可惜的是，由于成员国之间的分歧过大，在 2004 年 7 月的“七月决定”中，WTO 根据新加坡成立的“贸易与竞争政策”工作组已经不复存在。① 该议题也已经不再成为多哈回合谈判中的谈判内容。② 因此，将 WTO 框架内的竞争政策作为一个指引已经不大可能。

---

① 参见 http：//www.wto.org/english/thewto_e/whatis_e/tif_e/bey3_e.htm#investment.

② 参见 http：//www.wto.org/english/thewto_e/whatis_e/tif_e/bey3_e.htm#investment.

5.2.2 竞争法作为国内的规制手段①

有鉴于此，有的学者指出，针对现有的私人标准问题，WTO确实不应干涉，而应该对此问题的规制给每个国家留有“跨国国内规制空间”。② 同时，把此问题交由每个国家自行处理也可以避免WTO在处理此问题上被套以“对国际贸易具有歧视”的骂名。③ 诚然，在笔者看来，竞争法可能确实能在一定程度上于国内层面对私人标准问题提供救济。

由于私人标准有可能为私人标准制定机构或适用机构带来市场优势，导致相关机构滥用市场优势地位、限制竞争等，因此国内层面此种行为的出现可得到救济。实际上，在政府的掌控之中，通常还有例如《竞争法》或者《反托拉斯法》等法律武器，用以规制和调整与私人标准相关的行为。这也是政府为保护公平的竞争环境，防止卡特尔协议、集中经营以及滥用垄断地位之举。除了从规制市场经营者的角度出发，政府还可以从保护市场购买者的角度出发，通过消费者权益保护法以保证消费者所购买的产品安全及符合技术规格，通过强制要求标签以及说明的方式确保消费者的知情权得以保证。因此，这也就能够合理地得出如下结论：竞争法以及消

① 事实上，私人标准化是一个涉及国际和国内，可能更多是国内层面进行调整的课题。此处所提供的这一选择性方法实质为国内规制的手段，也与WTO在1996年新加坡宣言中的“竞争政策”有一定关联，但是由于本书主要落脚于私人标准的多边贸易体制下的规制，因此对此着墨不多，不展开论述。

② 参见S. Bernstein & E. Hannah, Non-State Global Standard Setting and the WTO: Legitimacy and the Need for Regulatory Space, 11 Journal of International Economic Law, 575, 2008, p. 604; Arkady Kudryavtsev, Private Standardization and Interantional Trade in Goods: Any WTO Law Implications for Domestic Regulation? Paper presented at the Soceity of International Economic Law Third Biennial Global Conference.

③ 参见S. Bernstein & E. Hannah, Non-State Global Standard Setting and the WTO: Legitimacy and the Need for Regulatory Space, 11 Journal of International Economic Law, 575, 2008, p. 605.

费者权益保护法可能在一定程度上对于规制私人标准相关行为具有作用。特别是在极端的情况下，例如一项标准明显地具有限制市场竞争行为或者一产品标签明显地提供错误信息，对消费者产生误导作用的情况。

美国已有相关的域外竞争法律，可对在美国境外对美国本土竞争环境产生影响的限制竞争行为行使管辖权。1945 年至 1964 年美国联邦最高法院终裁的 United States v. Aluminum Co. 案中已经确立美国《反托拉斯法》域外适用原则。① 根据该原则，凡发生在美国境外且与美国《反托拉斯法》精神相抵触的行为，勿论行为者的国籍，也不问行为的实施场所，只要其对美国的竞争市场产生不良影响，美国法院对之享有管辖权。无独有偶，《中华人民共和国反垄断法》第二条规定："中华人民共和国境内经济活动中的垄断行为，适用本法；中华人民共和国境外的垄断行为，对境内市场竞争产生排除、限制影响的，适用本法。"② 因此，笔者以为，反垄断法的域外适用效力成为私人标准反垄断法规制的接点。

因此，政府定期的或者其他对私人领域经济的干涉本应基于增进资源利用效率性，例如促进市场公平竞争行为的开展或者对私人实体与社会公众之间的收益与成本的不平衡作出调整与监督。同时，政府的行为同时也应该限定在促进公共福利，重新平衡社会收入与福利分配的层面上。是否干涉完全取决于该干涉是否必要以及能否有效地解决既有问题，达到上述目标。

例如欧盟于 2006 年 5 月 18 日咨询文件中就私人标准与竞争法之间的关系作出了以下论断："农产品产业的中心化、去边缘化在逐步升温，特别是在大型零售企业内。连锁超市的数量在下降，但是所造成的结果则是它们的购买力在不断上升，从而越来越多地影

① 参见 United States v. Aluminum Company of America et al. , 148 F12d 416 (2nd Cir 1945) . 同时值得注意的是，德国也有类似规定，参见 David J. Gerber, The Extraterritorial Application of the German Antitrust Laws, American Journal of International Law, Vol 77, No. 4, 1983, pp. 756-783.

② 参见《中华人民共和国反垄断法》第二条。

响整个产品供应链。以极具竞争力的价格购买大量的产品，这些公司或企业已经具备向它们苛以特别要求的能力，但同时这样的成本通常都会由生产商承担。”① 而在回答“为什么食品安全及质量标准需要实施”的问题时，世界银行认为：“私人标准是由商业或者其他实体单独或集体地实施的。此标准的出现、发展以及进化是一系列特定原因带来的结果。私人标准或者在更多时候被视为公司增强竞争力的一个基础，或增强与消费者的沟通从而提高知名度的手段。因此市场的反应可能直接决定私人标准的发展。在此种背景下，政府的角色就在于保证这些私人标准不构成或者成为反竞争的实践。”②

然而现实是否正如同笔者所论证的逻辑？在笔者看来，以上方法只是为私人标准问题的解决提供了一种国内法解决的可能性，但是此种可能性并非如同上面论证般严谨。如同笔者在第一节中所论证的，《SPS 协定》与《TBT 协定》中对于国际标准并没有一个统一的定义，而事实则是动物兽疫局、《国际保护植物公约》相关委员会、食物法典委员会，成为《SPS 协定》事实上准法律化的国际标准制定机构，其制定的标准也被视为两个协定的准法定标准。③ 以上所列的标准在 WTO 框架下实施都已经遇到如此之大的可能偏见性问题，更遑论在国内法层面上，发展中国家生产者或出

① 参见 European Commission's consultation document for impact assessment of 18 May 2006, Towards a reform of the common market organization for the fresh and proceed fruit and vegetables sectors. Available at http://ec.europa.eu/agriculture/consultations/fruitveg/consultationdoc_en.pdf, last visited on 2 September, 2013.

② 参见 European Commission's consultation document for impact assessment of 18 May 2006, Towards a reform of the common market organization for the fresh and proceed fruit and vegetables sectors. Available at http://ec.europa.eu/agriculture/consultations/fruitveg/consultationdoc_en.pdf, last visited on 2 September, 2013.

③ 参见 S. Bernstein & E. Hannah, Non-State Global Standard Setting and the WTO: Legitimacy and the Need for Regulatory Space, 11 Journal of International Economic Law, 575, 2008, p. 618.

口商在发达国家国内市场中根据《竞争法》或《反垄断法》《反托拉斯法》在当地提起诉讼时可能遇到的阻力。

其实，正如 Marsha Echols 所指出的，食品也是一个文化产品，同样深深植根于其所存在的环境之中。① 虽然其仅仅以食品为例，但是笔者认为，在日常生活中，很难发现任何事物不深深植根于我们所生存的环境与文化之中。因此，让在私人标准问题中利益可能受损的发展中国家生产商乃至农户直接到发达国家就私人标准问题进行起诉，认为其可能违反《竞争法》或者《反垄断法》的指控可能更难以为当地法院所接受。

5.3　理想进路——多种治理理论的治理蓝图

诚然，要解决私人标准问题，在遵循机制上，需要符合透明度、民主决策等要求。而在合作模式上，一个较为妥当的办法则是像欧盟委员会一样与私人标准设立机构保持足够的沟通和联系。② 私人标准设立机构享有无可争辩的订立私人标准的权利，而在法理上说这样的权利是不应该受到欧盟委员会的干涉与影响的。但是可以明确的是，欧盟委员会可以通过政策或法律手段保证私人标准制定主体在制定私人标准时对该标准可能对发展中国家造成的影响加以考虑。因此，也正是基于以上考虑，最起码双方可以互相沟通或者在与第三方协商时开放讨论平台以让另一方参加。

5.3.1　全球行政法理论体系

晚近，在全球治理学派中，出现所谓“新中世纪学派”，其重视由非政府组织和各种跨政府“专家网络”来运行和解释国际法，

① 参见 M. A. ECHOLS, Food Safety and the WTO—The Interplay of Culture, Science and Technology, London/The Hague/New York, Kluwer Law International, 2001.

② 参见 Kenneth W Abbott, Public Private Partnership, Max Plunc Encyclopedia of Public International Law, para. 10.

认为全球治理也是一种“规制”和“行政”，从而也探寻处理国际事务并解决纠纷的“管理主义”进路。① 这一学派最为突出的体现是欧美学界近年来提出并积极促成的“全球行政法”进路：“由机制、原则、常规组成，且有助于社会理解的领域，特别是通过确保它们符合透明、参与、理性决策和合法性的充分标准，以及提供对它们制定的规则和决议的有效审查，从而推进或影响全球行政机构的负责性。”②

全球行政法③是21世纪初由纽约大学国际正义研究所及意大利大学学者为主导，结合全球诸多行政法学家乃至国际法学家，从行政法角度就全球治理理念诠释所提出的一种理论与命题。在全球治理背景下，其从一种学理理念渐次进化成一种于实践中得以反映

① 参见龚向前，《技术性国际争端解决的“全球行政法”思路——基于WTO食品安全案例的分析》，载于《华东政法大学学报》2013年第1期，第51页。

② 参见 Kingsbury, Krisch and Stewart, the Emergence of Global Administrative Law, 68 Contemporary Problems 15, 2006, p. 17.

③ 虽追溯全球行政法于美国的兴起至今已逾七载，然当前国内对全球行政法的研究较新，更多仅局限于理论介绍与分析，多从行政法角度展开，体系性成果不多，全部成果参见江国华、李鹰，《行政法的全球视野——行政法学研究的新方法》，载于《环球法律评论》2011年第6期；林泰、赵学清，《全球治理语境下的国际行政法》，载于《南京社会科学》2011年第3期；林泰、赵学清，《全球化语境与行政法国际化》，载于《现代法学》2011年第5期；林泰，《论国际行政法的规范构成》，载于《河北法学》2012年第5期；林泰，《论“国际行政”类型界分》，载于《河北法学》2012年第11期。而国际方面，主要研究成果则包括 Benedict Kingsbury, Nico Krish, Richard B. Stewart & Jonathan Weiner, Forward: Global Governance as Administration: National and Transnational Approaches to Global Administrative Law, Law and Contemporary Problems, Vol. 68, No. 3-4, 2005, pp. 1-13; Richard B. Steward, U. S. Administrative Law: A Model for Global Administrative Law? Law and Contemporary Problems, Vol. 68, No. 3-4, 2005, pp. 63-108; Sabino Cassese, Global Standards for National Administrative Procedure, Law and Contemporary Problems, Vol. 68, No. 3-4, 2005, pp. 109-126; David Dyzenhaus, The Rule of (Administrative) Law in International Law, Law and Contemporary Problems, Vol. 68, No. 3-4, 2005, pp. 127-166 等。

的学说。① 其以全球行政的形式、主体所构成的全球行政空间为外部形式要件，以全球行政范围、全球行政法渊源、适用和发展全球行政法的机构性建制、全球行政法的原则性特征及规范基础为实质内涵，以全球行政的机构设计及策略为长远蓝图而构建出一幅依托行政法理论的全球治理模式。由纽约大学国际法律与正义研究所所发起并组织的全球行政法研究团队已在世界各地展开多场学术论坛及出版系列成果。其目的在于使全球行政法成为全球治理的新模式。

金斯伯里教授等把全球行政法定义为：“包括促进或以其他方式影响全球行政机构问责性，特别是确保其达到透明度、参与性、合理决策和合法性方面的充分标准以及对其形成的规则和决定提供有效审查机制、原则、惯例和支持性的社会认同。”② 而全球行政机构则包括正式的政府间规制机构、非正式的政府间规制网络和协调安排、与某个国际政府间机制合作的国内规制机构、公私混合型规制机构和一些行使特别重要的公共性跨国治理智能的私人性质规制机构。③

全球行政法理念诞生得益于以下两种基本理论与假设：首先，全球治理可被视为行政治理，其次，该行政由行政法核心法律特性

① 该项目的主要成果均发表在《法律与当代问题》（Law and Contemporary Problems, Vol. 68：3-4）、《欧洲国际法杂志》（European Journal of International Law, Vol. 17：1）、《纽约大学国际法律与政治杂志》（NYU Journal of International Law and Politics, Vol, 37：4）。同时还包括 Sabino Cassesse 教授主持编写的《全球行政法：案例、资料、问题》，其总结了主要类型的全球规制机构在运行中出现的全球行政法问题。当然上述学术论文和项目文件均登载于纽约大学国际法律与正义研究所的全球行政法项目网站（http：//www. iilj. org/GAL/default. asp）。

② 参见 Kingsbury, Krisch and Stewart, the Emergence of Global Administrative Law, 68 Contemporary Problems 15, 2006, p. 17.

③ 参见 Kingsbury, Krisch and Stewart, the Emergence of Global Administrative Law, 68 Contemporary Problems 15, 2006, p. 17.

所主导及影响。① 其前提假设在于视全球治理为全球行政模式。以法律运行三步骤立法、执法、守法及救济视角观之，在立法阶段多通过自愿性标准等软法规范模式实现对全球治理事项的高速有效反应；执法阶段通过注入国际组织乃至区域性组织的管理某一事项的行政机构运用其权力使事项得以有效解决。守法救济上通过注入行政复议、司法审查及行政监督模式对法律运行作出监督及救济。

行政法通说认为，行政行为是指具有行政公权力的公共组织(包括国家行政机关以及依法律授权取得行政公权力的社会公共组织)，为履行行政职能，实现公共利益，在行使具体行政职权、处理社会公共事务过程中，所作出的能产生法律效果的行为。② 然而全球行政法把行政主体与行政相对人均视为全球行政的对象，在全球行政视野下，行政主体与相对人之间不再存续类似国内行政法中两者不平等地位。国内法意义上的行政行为指的是“行政机关对行政相对人所实施的行使行政权行为”。在行政行为中，必须存续有行政主体与行政相对人，且两个主体间法律地位不对等。

全球行政法理论认为，全球行政规制可划分为五种主要类型：(1) 由正式国际组织实施的国际行政。典型代表为联合国安理会。再如联合国安理会根据第1267号决议设立的制裁委员会，该决议要求委员会通过一定的工作程序编制涉嫌资助恐怖主义活动的个人和组织名单，并要求会员国采取措施将其资金予以冻结。(2) 由各国官员之间合作安排组成的跨国网络实施的行政。巴塞尔委员会是此类的代表。(3) 国内规制者在条约、网络或其他合作机制下实施的分散性行政。(4) 公私混合型行政。典型例子为互联网域名与数字地址分配机构。该机构最初作为非政府组织成立，但是逐

① 参见 Benedict Kingsbury, Nico Krish, Richard B. Stewart & Jonathan Weiner, Forward: Global Governance as Administration: National and Transnational Approaches to Global Administrative Law, Law and Contemporary Problems, Vol. 68, No. 3-4, 2005, pp. 1-13.

② 参见应松年，《行政法概论》，法律出版社2000年版，第80页。

步将政府代表纳入其工作并赋予其相当大的权力。（5）具有规制功能的私人机构实施的行政。国际标准化组织制定产品标准的行为非常清楚地表明了此类机构的重要性和影响力。

在外延上，全球行政法首先应与国际行政法相区别。① 全球行政法的一个组成部分是存在已久的“国际行政法”领域，主要是指国际组织在处理劳动争议和其他内部事项中形成的规则、程序和机构。全球行政法对应的是全球治理，而国际行政法相应的则是国际治理。② 国际行政法的理念，即国际行政法规制致力的目标，比全球治理的要宽泛，其不但包括国际机构的行政，也包括对国内行为主体参与跨国治理时的规制。③ 于国内行政法而言，国际行政法仍从属第二位，国际行政是国际行政法的核心与内容。一方面，国际行政法着重于传统的邮政服务、航海及电信等，也正是这些领域成长起相关“国际联盟”。④ 另一方面，国际行政法仅把其触角直接伸至国内规制者。

不管对全球行政法、全球行政空间的存在与否是否认同，毋庸置疑的是全球行政法为国际法带来的是其行政核心理念的进化。透明度、正当程序、措施合理且适当是在 WTO 中适用全球行政的核心理念与内容。⑤ 在国际机构治理方面，以 WTO 上诉机构为例，全球行政法以实证主义方法诠释其上诉机构是如何实现全球行政治

---

① 参见 Kingsbury, Krisch and Stewart, the Emergence of Global Administrative Law, 68 Contemporary Problems 15, 2006, pp. 23-24; Nico Krisch & Benedict Kingsbury, Introduction: Global Governance and Global Administrative Law in the International Legal Order, 17 European Journal of International Law, 2006, pp. 1-3.

② 参见 Kingsbury, Krisch and Stewart, the Emergence of Global Administrative Law, 68 Contemporary Problems 15, 2006, pp. 18-19.

③ 参见 Kingsbury, Krisch and Stewart, the Emergence of Global Administrative Law, 68 Contemporary Problems 15, 2006, pp. 19-20.

④ 参见 Kingsbury, Krisch and Stewart, the Emergence of Global Administrative Law, 68 Contemporary Problems 15, 2006, p. 19.

⑤ 参见 2012 年于意大利召开的第七届“全球行政法”年会文件。

理的。其中一个重要的方面是“法庭之友”在 WTO 中应用。① 另外有学者认为，“尽管全球行政法产生的结果有争议，但通过将非政府组织直接纳入决策过程来加强全球行政的参与性的目标越来越受到重视，例如在食品法典委员会的内部就是如此”。② 安娜-玛莉·斯劳特（Anne-Marie Slaughter）教授甚至提出，如果全球行政主要以政府网络的形式运行，参与其中的国内官员可以让国内机构对各自所代表的公众承担民主责任，则许多关于民主问责的问题就能得以解决。③ 因此，在全球行政法学者看来，行政法机制可以保证问责性的实现。行政法众多主要原则均基于民主理论。④ 同时，行政法体制在当下众多不同的全球治理中已经初见端倪。

总之，全球行政法被视为全球治理进路不可或缺的因素，全球行政法与全球治理紧密相连。全球治理的目标在于通过合理适当的手段有效地解决全球规制产生的问题。其模式是效果导向的，也是问题导向的。与此一致，在全球行政空间中存续的行政因素发展了不同的方法模式以满足治理的需要。如同 Karl-Heinz Ladeur 指出的，“从行政法层面而言，这些模式帮助全球行政主体更好地合法及连贯解决全球问题，看似全球行政空间下的‘内部行政法’或‘国内法的行政化’”。⑤ 全球行政法同时是一种后威斯特伐利亚

① 参见 Eyal Benvenist, The Interplay between Actors as a Determinant of the Evolution of Administrative Law in International Institutions, Law and Contemporary Problems, Vol. 68, No. 3-4, 2005, pp, 332-336.

② 参见 Codex Alimentarius Commission, Report of The Evaluation of The Codex Alimentarius And Other FAO and WHO Food Standard Work, 2002.

③ 参见 Anne-Marie Slaughter, A New World Order, MIT Press, 2004.

④ 参见 Robert A. Dahl, A Preface to Economic Democracy, Routlege, 1985.

⑤ 参见 Karl-Heinz Ladeur, The Emergence of Global Administrative Law and the Evolution of General Administrative Law, Osgoode Hall Law School CLPE Research Paper No. 16/2011, 2010, available at http://www.papers.ssrn.com/sol3/papers.cfm?abstract_id=1792062. 就“内部行政法”与“国内法的行政化”之间概念辨析，参见 Jerry L. Mashaw, Reluctant Nationalists: Federal Administration and Federal Administration Law in the Republican Era, 1801-1829, 116 Yale Law Journal, pp. 1636, 1686, 1737-1740, 2007.

法，也是一种后霍布斯式的行政法，并非以传统的主权国家为治理主体，其把规制主体多样化，同时各主体间的地位平面化而非垂直化。

传统的观点认为，在国际社会是以国家为基本单位构成的社会。① 国际法是国家间共同意志的协调。在国际社会中，由于国家间是平等的，不存在一国凌驾于另一国之上的情形，也不存在超国家机构。国际组织的权力来源于依据国际组织章程国家所自愿出让的部分权力。而即使是高度一体化的欧盟，也是依靠《马斯特里赫特条约》与《里斯本条约》为其法律基础。虽在特定事项上，例如外交与安全政策具备高度一致性，但也不被视为削减成员国的国家主权。②

因此，以笔者观点视之，全球行政法则是国内行政法在全球治理背景下的分散行政模式。其援用国内行政法特别是西方行政法中的基本原则与理念，试图在全球治理下构造一个分散行政的空间，构造一套可在全球范围内使用的行政经验与模式。但问题在于全球行政法只是一种形而上的理论工具，其根本目的与全球治理、国家治理所需解决国际组织乃至国际问题治理中的合法性危机并无本质区别。虽美其名曰“全球行政”，实则只是一种全球视野下的国王的新装。其以诸如联合国安理会、欧洲理事会、巴塞尔管理委员会、WTO 等国际机构或区域性机构的设置为背景，通过对上述机构组织章程、法律协定或是所设立的委员会的设置寻求行政法的“笔迹”，或在国际组织与国家间建立一种“Bottom Up”（自下而上）或“Top Down”（自上而下）机制印证国际组织或国家之间在行政法共有机制上的共同性。

5.3.2　全球行政法治理理论的启示

无论是全球治理、国家治理、全球法治理论的内涵素养，还是全球行政法理论与生俱来的本质，苛求治理主体承担问责性，实现

① 参见梁西，《国际法》，武汉大学出版社 2001 年版，第 3 页。

② 参见 Anne-Marie Slaughter, A New World Order, MIT Press, 2004.

程序公开，乃是以上全球化背景下出现理论的共同内核。增强合法性始终是亘古不变的追求。国际组织的危机更多的是一种合法性危机，是一种立法层面主体参与度缺失，程序透明度不足，执法层面力度不够的危机。全球治理倾向的是程序正义，以弥补可能带来的实质内容上的不足。自 GATT 以来，WTO 的合法性危机一直存在。①

全球行政法在全球治理下体现了传统国际法治②的理念与精髓，诠释了法理学泰斗之一的富勒曾在与哈特的论战中已经提出过的法治的八项原则：一般性、公开或公布、可预期、明确、无内在矛盾、可遵循性、稳定性及同一性。③ 体现了国际法治与国内法治的共同的目标：接受公平的法律的治理。④ 与国内的情况一样，全球层面的行政行为也同时具有立法和裁判的因素。它包括规则制定，但并非以国家之间谈判形成条约的形式为之，而是由辅助机构通过的具有普遍适用性的标准和其他规则。⑤ 其还包括在监管和运行国际规制机制过程中作出的非正式决定。作为一项初步的界定，全球行政行为是那些既不是条约制定，也不是当事方的简单的争端

① 关于 GATT 与 WTO 合法性危机的探讨，请参见本书第四章。

② 国际法治本质上应是善治与良治，恶治不会再出现在当下国际治理中。以实证主义法学派为代表的理论“恶法亦法”也不再成为国际法治所追求的目标。因此，善治与良治需要良法。在法律的制定阶段已经对一系列的程序提出要求，这当中包括：经由妥当的程序，使得利害关系方有机会知悉法律的内容、表达自己的意见，而不是采取秘密协商的方式为之，由若干国家控制法律的内容与整体趋向。何志鹏，《国际法治：和谐世界的必由之路》，载于《清华法学》2009 年第 1 期，第 51 页。

③ 转引自沈宗灵，《依法治国，建设社会主义法治国家》，载于《中国法学》1999 年第 1 期，第 2 页。

④ 与国内法治侧重限制公共权力不同，国际法治应以限制个别国际治理主体滥用优势地位为要务。参见车丕照，《国际法治初探》，载于《清华法治论衡》第一卷，清华大学出版社 2000 年版，第 124 页。

⑤ 某些形式的全球行政决策与争端解决紧密相连，尤其是例如 WTO 争端解决机构这样的准司法性机构同时履行着重要的监管监督职能。

解决的规则制定、裁判和其他决策。① 上述行为均以公平的法律为前提。就 WTO 法治而言，其应是指在 WTO 法律体系中法律规则、原则乃至争端解决机构的判决符合上述八项原则的内在要求。

因此，全球行政法为全球治理注入一种方法论元素，重新唤起在全球治理下对法治原则基本内核的坚持与涵养。其并非作为一种以治理实体角度视之的治理模式，而是一种以诠释“国际法治”为核心理念的治理原则。

5.3.3　公私伙伴关系模式

晚近，在全球治理背景下对公私伙伴关系的讨论热度分毫不亚于对全球治理其他诸多问题的讨论。全球治理下所产生的诸多问题使学者以及实务者们都积极寻求解决全球治理下的公私伙伴关系问题，为大家提供了一种在全球治理背景下应对全球问题的视角与方法。关于公私伙伴关系的起源，并无确切的证据证明确切时间。但在联合国框架内，公私伙伴关系可能最早源于时代华纳公司在联合国的框架下所设立的时代华纳基金，以用于对某些问题的公私合作研究。② 随后发展的较具代表性的例子包括世界大坝委员会(WCD)③ 及信息通信技术课题组（ICTTF)④。

公私伙伴关系在全球治理中是一个新的模式。其定义也有广义

① 参见 Richard B. Stewart, U. S. Administrative Law: A Model for Global Administrative Law? 68 L & Contemp. Problems, 63.

② 参见 Graeme, A. Hodge & Carsten Greve (eds), The challenge of Public-Private Partnership: Learning From International Experience, Edward Elgar Publishing, 2005, p. 4.

③ 世界大坝委员会由世界银行及世界保育联盟于1998年设立，意在对国际社会就大型大坝项目的关注作出回应。该委员会代表来自及代表广泛社会阶层，包括政府人员、非政府组织团体、私人企业代表及研究机构。参见 Kenneth W Abbott, Public Private Partnership, Max Plunc Encyclopedia of Public International Law, para. 19.

④ 信息通信技术课题组由前联合国秘书长科菲·安南于2001年设立，Kenneth W Abbott, Public Private Partnership, Max Plunc Encyclopedia of Public International Law, para. 19.

与狭义之分。狭义的公私伙伴关系，是指私人机构通过合同、合资企业或建造移交协议与公共机构就公共服务或基础建设所达成的安排。① 而关于广义的公司伙伴关系定义，不同的学者或机构有不同的观点。在欧盟委员会看来，其是指“公共权力与私人商业领域的合作，共同致力于保证一设置或者一服务实施的基金、建设、创新、管理或者是维持”。② 而在别的学者看来，公私伙伴关系指的则是“公共权力与私人权力之间为了共同的目的而开展的合作”。③ 也有的学者指出公私伙伴关系意味着“公共实体与私人实体之间出于发展产品或服务的目的，共担风险与成本，共享资源的合作关系”。④ 笔者以为，较为权威的则是联合国大会对公私伙伴关系的定义：“国家与非国家实体等多种主体间存续的，各方均同意以某个目的为共同目标或为完成特定任务，因而共担风险与责任，共享资源与利益而组成的自愿合作关系。”⑤ 本书采用广义定义。

显然，上述定义表明公私伙伴关系折射出以下几个特征：首先，其是一种复合型的合作关系，公共主体与私人主体之间并非直接竞争，或者互相管理与统治，而是处于一个相对平等的地位开展相互关系。其次，该伙伴关系的目标较为统一，公共主体与私人主

① Kenneth W Abbott, Public Private Partnership, Max Plunc Encyclopedia of Public International Law, para. 1.

② 参见 European Commission, 2004b: 3. 转引自 Graeme, A. Hodge & Carsten Greve (eds), The challenge of Public-Private Partnership: Learning From International Experience, Edward Elgar Publishing, 2005, p. 123.

③ 参见 Graeme, A. Hodge & Carsten Greve (eds), The challenge of Public-Private Partnership: Learning From International Experience, Edward Elgar Publishing, 2005, p. 5.

④ 参见 Graeme, A. Hodge & Carsten Greve (eds), The challenge of Public-Private Partnership: Learning From International Experience, Edward Elgar Publishing, 2005, p. 4.

⑤ UN Genreral Assembly, Enhanced Cooperation Between the United Nations and All Relevant Partners, in Particular the Private Sector, Report of the Secretary General, A/60/214, para. 8.

体之间为追求同一目标而共同努力。最后，公共主体与私人主体之间可以通过公私伙伴提供的平台充分发挥各自所长，私人主体充分发挥其效率性，而公共主体可以充分发挥其原有的权威性。

上述定义主要是从国家或国家组织的角度定义公司伙伴关系，笔者认为，公私伙伴关系也可以跨国私人治理的角度视之。在卡法基（Cafaggi）教授眼中的跨国治理模式，公共实体与私人实体之间至少可以有以下三种合作方式：复合关系、合作协同制定规则以及竞争。① 复合关系指的是公法与私法之间的法律工具的复合可以通过两种途径得以实现：一种是对在跨国层面上具有规则制定权的私人实体运用行政法的原则进行调整。② 另一种则是对国际组织或者国家间政府组织以及国家适用合同以及组织法的规则及原则，目的在于对公司或者其他私人实体进行规制。

至于第二种协同制定规则，指的则是私人主体与公共主体共同制定规则。一个变化的模式则是私人实体制定规则，然后公共主体对其通过或批准。③ 也正是在此模式的主导下，在国际层面，可以表现为全球治理的传统主体与私人主体之间通过定期合同或者协议、备忘录的形式为之。

第三种竞争方式，其在全球治理下的传统主体与私人主体之间发生。在跨国治理的背景下，当私人主体对原来由公共主体进行指定或定义的标准进行提升时，正如在私人标准领域所制定的比公共标准高时，在一定程度上则会减损公共规制乃至公法体系的合法性与权威性。

---

① 参见 Fabrizio Cafaggi, New Foundations of Transnational Private Regulation, EUI Working Paper RSCAS 2010/53, p. 18.

② 参见 Kingsbury, Krisch & Stewart, The Emergence of Global Administrative Law, 68 Law and Contemporary Problems, 2005, 15, p. 16. 同时也可参见 Abbott and Snidal, Governance triangle, in Muttli and Woods (eds.), The Politics of global regulation, 2009, p. 50. 在相关内容中，两篇文章作者分别对环球行政法视角下的公私混合关系作出了论证和介绍。

③ 参见 Fabrizio Cafaggi, New Foundations of Transnational Private Regulation, EUI Working Paper RSCAS 2010/53, p. 18.

因此，在笔者看来，也正是第二种关系构成了公私伙伴关系。当下全球治理下的公私伙伴关系主要是以联合国为中心的，在联合国的框架下，比较重要的公私伙伴关系包括有：《联合国全球契约》、“全球发展网络”、全球公共物品网络等①，而世界卫生组织以及世界银行等，都已经在开展公私伙伴关系为治理模式的探寻中取得了不错的效果。② 但是在私人标准之问题上，笔者认为，应该以私人标准制定机构为中心。

虽然治理可以弥补国家和市场在调控和协调过程中的某些不足，但治理并非万能，其也存在着诸多局限。例如其不能代替国家而享有政治强制力，其也不可能代替市场而自发地对大多数资源进行有效配置。因此，有效的治理必须建立在国家和市场的基础之上，它是对国家和市场手段的补充。③ 正如杰索普所言：“治理的要点在于：目标定于谈判和反思过程当中，要通过谈判和反思加以调整。就这个意义而言，治理可以理解成是由于有关各方对原定目标是否仍然有效发生争议而未能重新界定目标所致。”④ 因此，相对而言，公司伙伴关系可以克服上述的单纯国家主体治理中的一些不足与瑕疵，其可以为全球治理带来不少好处，原因在于公私伙伴关系把传统的国际社会国家行为体、国际组织等权力体与私人领域行为体共冶一炉，包括了众多的参与者参与到政策制定的过程之中，更好地反映了各方的利益主张与需求。同时也把公共资源与私人资源充分整合，充分发挥公共权力的稳定性、权威性，私人实体

① 当然还包括“全球公共政策计划”“投资咨询委员会”“农村发展公司伙伴关系”“世界水委员会”“国际农业研究咨询小组”以及“文化联系网络”等。详细的内容，参见 Graeme, A. Hodge & Carsten Greve (eds), The challenge of Public-Private Partnership: Learning From International Experience, Edward Elgar Publishing, 2005, p. 4.

② 参见 Bull Benedicte, Development issues in global governance: public-private partnerships and market multilateralism, NY: Routledge, 2007, p. 18.

③ 参见俞可平主编，《全球化：全球治理》，社会科学文献出版社 2005 年版，第 9 页。

④ 参见俞可平主编，《全球化：全球治理》，社会科学文献出版社 2005 年版，第 13 页。

的快捷性、创新性以及管理有效性等。

5.3.4　私人标准问题解决——运用公私伙伴关系进路理由

到目前为止，WTO 专家组以及上诉机构尚未就私人标准此问题作出任何一个裁决，《TBT 协定》以及《SPS 协定》也不足以对此问题有明确的解决方案。笔者认为部分原因还在于基于传统的国家层面上对于私人标准问题这一本质上属于私领域的问题无法调整。因此，笔者认为运用公私伙伴关系，加强公共主体与私人主体在此问题上的协调性方为上策。

首先，公私伙伴关系为私人标准提供觅得发展与平衡的场所。在促进自由贸易与保证食品安全，保障人类健康以及保护环境方面的私人标准上觅得平衡很难仅在 WTO 框架内实现。仅仅依靠像 WTO 等国际组织或者政府间协商等传统模式已不能满足全球治理的需要。在《TBT 协定》中，国际标准化组织以及国际电工委员会的标准似乎也成为 WTO 的“御用”国际标准。因此，笔者与其他学者的观点一致，认为 WTO 的 SPS 协定以及 TBT 协定并非平衡私人标准与自由贸易的最佳场所与工具。通过上述修订或者通过 WTO 争端解决机制对私人标准在《SPS 协定》以及《TBT 协定》中的规制做出明晰，该成本与费用是巨大的，同时还伴随着一种十分巨大的消极影响：国家过分干涉私人自主与市场自由，打击私人标准制定机构研发、制定标准的积极性，长远而言，由于标准的广泛适用性，新的私人标准将来成为促进全球发展的公共物品的可能性会受到削弱，发展中国家乃至不发达国家也能受惠其中的可能性也会随之降低。

因此，在此意义上，笔者同意有的学者的观点，“WTO 法律规则不应该禁止或妨碍私人标准的发展。同时也不应该对私人标准进行调整。当然同时，其也不能卷入决定哪个标准为权威标准的国家政治游戏之中”。① 政府在参与当下新的治理模式时应该扮演的是

① 参见 S. Bernstein & E. Hannah, Non-State Global Standard Setting and the WTO: Legitimacy and the Need for Regulatory Space, 11 Journal of International Economic Law, 575, 2008, p. 604.

调和者、促进者以及协助者的角色。①

其次，公私伙伴关系体系中参与主体的多样性，确保了参与的民主性，因为采用公私伙伴关系能够有效提升私人标准的合法性，可能较能获得更多成员国乃至成员国民众的理解与认同。即使标准制定机构的标准制定程序把相关利益攸关者排除在外或由于其他利益攸关者自身原因不能获取相关标准制定信息，公私伙伴关系作为一个政府、国际组织协调的场所仍然可以鼓励私人标准制定机构通过自身资源向相关利益攸关者提供信息支持、资金支持以及其他形式的资助。

再次，如上文所述，私人标准所面临的一个问题在于其合法性瑕疵。不管是以追求利润为目的的私人公司标准还是非政府组织标榜的以促进公共福利，例如保护人权、环境以及食品安全等为目的的非营利性的私人标准，都或多或少地被认为缺乏民主合法性。而又正是在当下全球治理的背景下，诚如有的学者所言，并不存在一个共同的“全球人民”或曰“全球大众”。② 因此，如何通过一个共同的平台，使各个利益攸关方均能充分参与成为解决这一问题的

---

① 参见 G. Teubner, Substantive and Reflexive Elements in Modern Law, 17 Law & Society Review 239, 1983; J. Van Tatenhove, B. Arts and P. Leroy, Political Modernisation, in J. Van Tatenhove et al. , (eds), Political Modernisation and the Environment: The Renewal of Environmental Policy Arrangements, Kluwer Academic Publishers, 2000, pp. 35-51; B. KaRkkainen, A. Fung and C. F. Sabel, After Backyard Environmentalism. Towards a Performance-Based Regime of Environmental Regulation, 44 American Behavioral Scientist 692, 2000; C. F. Sabel, A. Fung and D. O' rourke, Ratcheting Labor Standard Regulation for Continuous Improvement in the Global Workplace, Washington. World Bank, 2000; D. Miliband, The New Politics of Economics, in C. Crouch and D. Marquand (eds.), Ethics and Markets, Co-operation and Competition within Capitalist Economies, Oxford, Blackwell Publishers, 1993, pp. 21-30; G. MulgaN, Politics in an Antipolitical Age, Cambridge, Polity Press, 1994.

② 参见 S. Bernstein & E. Hannah, Non-State Global Standard Setting and the WTO: Legitimacy and the Need for Regulatory Space, 11 Journal of International Economic Law, 575, 2008, p. 620.

关键所在。采用公私伙伴关系模式有助于各方之间充分沟通，公私伙伴关系可以在一定程度上调和国家与国家之间互不相让乃至相互敌对的状况。私人公司或非政府组织作为一个调和体，可以对双方之间直陈利弊。

最后，采用公私伙伴关系模式有助于私人标准制定机构更为了解发展中国家的关注与忧虑，同时私人标准制定、执行机构也可与发展中国家的生产者、供应商在更为平等的平台进行协商以及谈判。

其实正如某些学者所言，即使没有私人标准的存在，WTO 所要追寻的自由贸易与人类其他所要保护的法益之间总是会有或多或少的矛盾。① 然而，作为全球化下的国家、国际组织乃至私人实体，其任务并非要消除这些矛盾，只是在何种程度上对上述矛盾进行调和。

5.3.5　高级别委员会——全球行政法理念结合公私伙伴关系进路具体适用

笔者认为，运用公私伙伴关系解决私人标准问题，可以在此基础上成立一个高级别咨询机构。该高级别咨询机构不依附于任何国际组织，应该成为一个独立的机构。此设置意在保证该机构的独立性。该高级别咨询机构应该遵循以下原则建立及运行，同时也可认为其拥有以下的优势：

第一，该高级别委员会以私人标准制定机构为中心，并不能以传统的国家或国际组织为中心。这一点与传统的联合国框架下的公私伙伴关系模式，例如《联合国全球契约》、“全球公共政策”等模式相区别。在传统模式下，原则、指引性文件等不具法律拘束力的文件通常由国际组织或国家拟定，例如《联合国全球契约》就规定私人实体在加入时必须首先承认其所设立的十项基本原则。私人标准问题就根本而言，是一个全球治理背景下跨国私人治理中的

① 参见 Bull Benedicte, Development issues in global governance: public-private partnerships and market multilateralism, NY: Routledge, 2007, p. 198.

问题，是私人公司或非政府组织在追求利润或为实现某种社会责任或追求某种更高价值而产生的问题，因此对其在公私伙伴关系体系下的解决，必须把私人标准的制定与发展放在首位，同时兼顾其他法益的需求。如此设置，在笔者看来，更容易为私人实体所接受，也才能使得该高级别委员会运作顺畅。否则，以国家或国际组织为中心，以其所主张为蓝本制定原则、指引等软法文件，则会削减私人标准制定机构参与的积极性。

第二，该高级别委员会以全球行政法的治理理念与原则为基本法律理念，即符合“一般性、公开或公布、可预期、明确、无内在矛盾、可遵循性、稳定性及同一性”的对治理体系规则的要求，特别是通过确保该委员会的决议符合透明、参与、理性决策和合法性的充分标准，同时对它们制定的规则和决议进行有效审查。美国及欧洲行政法中良好行政的一个重要要求在于“说明理由”(Reason-Giving)，其本来之意在于通过要求行政机关就其作出的决定说明原因以达到促进司法审查效果。① 因此，该高级别委员会作出的任何决定也应向所有利益攸关者说明理由，除非涉及某些私人企业或行业的商业秘密。同时，该高级别委员会的议事章程规定程序不当无效。②

第三，该高级别委员会在成员组成上应该尽可能满足所有利益攸关者的参与需求，尽可能反映各个利益攸关者的利益需要。现有WTO 框架下解决这一问题的难点就在于各个利益攸关者之间信息

① 对美国及欧洲行政法中关于“说明理由”的详细论述，参见 Jerry L. Mashaw, Reasoned Administrations: The European Union, the United States, and the Project of Democratic Governance, 76 George Washington Law Review, 99, 2007.

② 美国《宪法》就程序正义作出修正案，规定不正当程序违法。美国联邦最高法院于 20 世纪 60 年代审理的著名的马伯里诉即诠释该主张。辛普森案则是由于警察在搜索证据时违反正当程序而被法院裁定无效，从而辛普森无罪释放。参见 Jerry L. Mashaw, Reasoned Administrations: The European Union, the United States, and the Project of Democratic Governance, 76 George Washington Law Review, 99, 2007.

的不对称与不平衡。例如发展中国家的消费者乃至生产者囿于其本地生产力条件的限制，对于某些发达国家私人公司乃至国际非政府组织所推行的标准都难以了解，更勿论如何采用及实施。该高级别委员会可充分协调各方利益，甚至可在以 WTO 为中心的框架下鼓励私人标准制定公司及发达国家向发展中国家及不发达国家出口商提供技术支持以及资金援助，一方面此举可以使该私人标准的遵守更为有效，同时也可使得该私人标准能够具备某种程度上的公共物品的特质，获得更多认同。

第四，该高级别委员会在各个成员间应以软法作为各自的行为准则。这也是公私伙伴关系的突出特点。相对硬法等具法律拘束力的法律文件，软法最为突出的特征在于其对规制各方并无法律拘束力，对于软法的遵守更多的是依靠各参与方的自觉与自愿。但是软法具有硬法所不具有的优点，其适应新情况快，方便修订，能最为广泛地吸纳相关成员方。在私人标准领域，由于科学信息技术发展快，私人标准的更新也随之加快，标准制定者，例如各个跨国公司、非政府组织、WTO 成员方、WTO 以及其他相关的政府间国际组织之间应该通过签订不具法律拘束力的备忘录或原则性声明等达到规范各自行为的目的。此举有利于私人标准的更新，促进私人标准制定机构对于私人标准的更新与发展。

同时，遵循平衡自由贸易与保护特定领域法益的需要，WTO 秘书处可以在该高级别委员会中鼓励成员国或私人标准制定机构向发展中国家或其他利益攸关方提供包括资金、技术、信息等在内的支持与援助。例如，由瑞典国际发展机构①所实施的非洲有机产品出口促进计划（EPOPA）就为私人标准对发展中国家乃至不发达国家出口产品的认证提供了技术援助与持续的资金支持。②

第五，该高级别委员会鼓励私人标准制定机构采用类似于 TBT

---

① 具体内容可以参见 http：//www. sida. se/English/About-us.

② 参见 WTO, Committee on Sanitary and Phytosanitary Measures, Private Standards and the SPS Agreement, Note by the Secretariat. , G/SPS/GEN/746, 24 January 2007.

协定中的《良好行为准则》的操作规范，鼓励私人标准制定机构在标准制定的程序、标准制定的透明度、标准制定的其他方面坚持透明性、非歧视性、统一性以及和谐性的特点。

第六，该高级别委员会应该向利益攸关方多展示私人标准潜在的对国际贸易的积极作用，同时通过争取标准制定的统一性、不重复性、开放性、科学性以及透明性，使得私人标准尽量统一以及互认，减少发展中国家以及其他利益攸关方关于私人标准的忧虑。

总之，该高级别委员会的宗旨与目的就在于努力扩大私人标准的合法性，在标准制定前就使相关利益攸关方充分表达其意见与理由，同时鼓励国家或私人标准制定或应用主体向不发达国家或发展中国家提供技术、资金等支持，使其合法性得到更大补充。

第6章 结　论

一、私人标准问题启示

WTO在解决私人标准所产生的贸易影响是当下多边贸易体制所要面临的重要问题之一。私人标准这一问题贯穿WTO的日常工作，在内容上又极其多元化，涵盖绿色保护主义，食品安全以及社会责任等。①

私人标准本质上是中性的，其并非与生俱来就带有优势或劣势，而总需要澄清的是，私人标准所产生之影响并非总是负面的，特别是在国际贸易方面。其实际运作中会对国际贸易所造成正反两方面的效应。在积极方面，私人标准可以作为国际贸易的助推器，其所实行的高标准体系有助于生产过程控制，保证产品质量，长远来看，其推广以及发展又有助于发展中国家提升国际贸易竞争力，同时也能增进产业链下游利益攸关者的信心，从而促进国际贸易。而在负面效应上，很多私人标准要求过高，缺乏科学性，同时标准制定过程也不符合透明度原则要求，可以作为国际贸易壁垒，妨碍自由贸易的发展，对发展中国家不利，不应先入为主。

私人标准的兴起主要扎根于传统全球治理主体论危机，公司社会责任以及跨国私人治理兴起的需要。全球治理传统主体对于全球

① 参见WTO，World Trade Report 2012. p. 3. available at http：//www. wto. org/english/res _ e/publications _ e/wtr12 _ e. htm，last visited on 2 September 2013.

性危机的不足以及个人越发增长的对于安全，环境，技术统一的要求在一定程度上给予了私人标准以成长的土壤。在运行上，以合同法及公司法为手段，私人标准这一国际软法被强化。同时，以营利为目的的私人公司可以通过私人标准在市场上攫取更多利润，而非以营利性为目的的私人实体则可以通过其标准实现其所期待的社会效果。但即使如此，合法性问题上，在定义全球治理背景下的民主合法性基础上，相当多私人标准由于没有实际上纳入所有利益攸关者，因而其合法性遭到质疑，仍存有合法性瑕疵。

私人标准本质上属于软法，其出现及盛行也对以 WTO 为核心的多边贸易体制亦产生影响。首先，虽私人标准不能成为 WTO 法律渊源，但如国际标准化组织制定的标准则可通过在《TBT 协定》中所确立的准法律地位对 WTO 法律渊源产生合规性影响。其次，私人标准又分别从内在合法性与外在合法性上对 WTO 的合法性产生冲击。

世界贸易组织是全球仅有的在多边层面上处理与货物贸易有关事项的国际组织。这也正是世界贸易组织的规则体系在面对私人标准所产生的贸易影响时经常遭到质疑的原因所在。毫无疑问，私人标准的扩散对以世界贸易组织委核心的多边贸易体系提出新的命题与挑战。但是与此同时，原有的世界贸易组织多边规则也包含有相当部分用于调整成员国运用非贸易壁垒使用的规范。这些规范包括最惠国待遇，国民待遇，禁止使用数量限制，适用技术规则，标准以及 SPS 措施的相应要求等。这些相应的条款见于《GATT1994》，《TBT 协定》以及《SPS 协定》等协定当中。基于私人标准对国际贸易提出的挑战，自然而然的逻辑则在于 WTO 上述协定能否对私人标准提供可能。

但已有的多数观点把对私人标准规制问题作为政府参与度的论证的论证方式会变成一种悖论，因为在论证私人标准受到政府参与或支持时我们也就不再讨论私人标准问题，而是讨论政府行为问题。因此，正确的路径当是直接论证 WTO 涵盖协定条款能否直接对私人标准调整。另外，虽然《TBT 协定》以及《SPS 协定》两个协定均有对“非政府机构”或“非政府标准制定机构”等措辞进行规制的条款，但由于两个协定的措辞不十分明确，其能否包含私人标准还存有疑问，即对私人标准能否规制模糊不清，从当下而言，不适应认定两个协定能对私人标准行为进行规制。

规则的不确定性往往会使我们把目光投向其他解决方式。在现有的WTO货物贸易框架下相关协定委员会关于对私人标准解决的方案中，并没有十分奏效的方法。同时，WTO货物贸易框架下解决私人标准问题并非最佳选择。在国内层面上通过竞争法对私人标准调整的方案进行分析和评价，但是出于国内竞争法规制时标准与地域联系紧密的特点，在国内诉讼其确定性更难以预测，其也不能起到从根本上解决私人标准问题的作用。

WTO货物贸易框架下的私人标准问题确实像“找不着尽头的迷宫”，由于没有之前判例的指引以及WTO相关协定的模糊性，使得该问题变得似乎不好预测。原因主要如同前文所述，因为我们没有跳出WTO框架，把目光投向更为广阔的全球治理背景。也正因为如此，笔者以为，构建以公私伙伴关系为基础的高级委员会，该高级别委员会的宗旨与目的就在于努力扩大私人标准的合法性，达到从标准制定前就使相关利益攸关方充分表达其意见与理由，同时以鼓励国家或私人标准制定或应用主体向不发达国家或发展中国家提供技术，资金等支持使其合法性得到更大补充。

二、私人标准问题对中国的启示

在当下多边贸易法律体系下，虽然私人标准仍属于不受国际规则约束的现象之一，但是私人标准代表一种创新，一种发明，一种新的治理模式。勿论该标准是发生在过程抑或是产品上，也勿论该标准属于安全，环境或其他领域。其是当下工业社会迈向人类更幸福世界的风向标，也是鼓励人才流动与自主发明的前沿阵地，更是带动世界经济与贸易发展，最终走向和谐社会的伟大工具。经济学理论的核心在于资源的有效配置，在不同选择间觅得平衡，WTO如此，中国也是如此。

在国外，以市场为主导的私人标准制定模式已经成为发达国家私人标准制定主体通过全球价值链占据国际贸易高地的有效手段及途径。例如美国体系反映了强烈的以市场为主导的文化及政治倾向。① 在该体系中，众多标准制定机构竞争激烈，从而造就了碎片化的标准制定市场。与此同时，该体系极少受到政府的监督及获得公共财政支持。② 美国的私人标准制定机构联合会约有300个行业贸易协会，130个专业及科学研究机构，40个一般成员机构及约150个标准协会，共制定约49000个标准。其包括一系列具国际信誉及影响力的标准制定机构，当中包括美国最大的私人标准制定机构美国材料及测试协会（ASTM）③，美国机械工程师协会（ASME），制定美国国家电器安全守则的美国机器及电器工程师协会（IEEE）。以上机构经费的50%～80%来自于其所出版的标准化文件，剩余部分则由私人企业乃至行业协会等私人机构组成的会员体系按份额缴交。④ 与此同时，该标准制定体系也反映了一种排除政府参与及干涉的传统。美国政府在私人标准制定过程中干涉的例

① 参见 Walter Mattli, Tim Buthe, Setting International Standards: Technological Rationality or Primacy of Power? World Politics, Vol. 56, No. 1, October 200, p. 23. 美国以市场为主导的这一传统亦反映在其他领域，具体请参见 David Vogel, Kindred Strangers: The Uneasy Relationship Between Politics and Business in America, Princeton: Princeton University Press, 1996, pp. 29-73.

② 参见 Walter Mattli, Tim Buthe, Setting International Standards: Technological Rationality or Primacy of Power? World Politics, Vol. 56, No. 1, October 200, p. 23.

③ 参见 Walter Mattli, Tim Buthe, Setting International Standards: Technological Rationality or Primacy of Power? World Politics, Vol. 56, No. 1, October 200, p. 23.

④ 参见 David Vogel, Kindred Strangers: The Uneasy Relationship Between Politics and Business in America, Princeton: Princeton University Press, 1996, pp. 50-73.

子亦是凤毛麟角。① 在缺乏政府控制或其他中央监控及协调机构的情况下，以复合性为特点的碎片化机制是美国标准制定体系的特别之处。②

虽然欧盟的标准制定体系整体与美国十分不同，欧盟国家的标准制定机构呈现集中化、协作化、管理化、补贴化及排他化的趋势。但是如同美国一样，欧洲的产业行为仍然由私人实体所操纵和管理，因而标准制定专家也分布于私人实体中。当然这些标准制定机构并非独立的个体，而是处于一个庞大等级的标准制定体系中的一员，例如 DIN（德国标准制定组织）或 BSI（英国标准制定组织）。③ 在区域性或国际性层面，每个欧盟国家因而具有一个国家级标准制定机构代表本国利益及制定具体标准。④

因此，笔者以为，中国除在 WTO 的法律框架外积极参与国际标准的制定与发展过程，积极响应发展私人标准，也应积极改革国内的标准制定模式，倾向向私人自治制定标准模式放权。由于与美

① 在美国国家标准及技术研究院 1990 年所举行的决定联邦政府是否应该在标准制定过程中扮演更为积极角色的公开听证中，最终所有参会机构均表明反对态度。参见 NIST, Public Hearing Proceedings: Improving U.S. Participation in International Standards Activities, Cited in the U.S. Congress, Office of Technology Assessment, Global Standards: Building Blocks for the Future, p. 15.（NIST 是美国商务部技术管理部下的分支机构）; See also the presentation by James Thomas, president of ASTM, at a 1998 Conference, Toward a National Standards Strategy to Meet Global Needs, in Krista Johnsen Leutetirz and Walter Leight (eds), Conference Report, Washington, D.C.: Department of Commerce, 1999, p. 53. http: //nist.gov/ts/htdocs/210/ir6290.pdf.

② 参见 Walter Mattli, Tim Buthe, Setting International Standards: Technological Rationality or Primacy of Power? World Politics, Vol. 56, No. 1, October 200, p. 24.

③ 参见 Walter Mattli, Tim Buthe, Setting International Standards: Technological Rationality or Primacy of Power? World Politics, Vol. 56, No. 1, October 200, p. 24.

④ 参见 Josef Falke and Harm Schepel (eds), Legal Aspects of Standardisation in the Member States of the EC and the EFTA, Luxembourg: Office for Official Publications of the European Communities, 2000.

国及欧盟的标准制定体系不同，在中国国内，标准制定的现实生态长期是政府出资金、官员定标准、企业被动接受标准。① 制定技术标准呈现出技术监督等部门的“单兵作战”，缺乏与行业、企业之间有效沟通，国家标准数量虽多，但由于官员掌握信息有限，实效性并不大。②

同时，中国共产党十八大报告认为，“在当代中国，坚持发展是硬道理的本质要求就是坚持科学发展。以科学发展为主题，以加快转变经济发展方式为主线，是关系我国发展全局的战略抉择。要适应国内外经济形势新变化，加快形成新的经济发展方式，把推动发展的立足点转到提高质量和效益上来，着力激发各类市场主体发展新活力，着力增强创新驱动发展新动力，着力构建现代产业发展新体系，着力培育开放型经济发展新优势。”③ 这也为私人标准在国内的发展提供了政策基础与依据。

总之，我国应学习美国及欧盟的标准制定模式，进一步放权及鼓励私人标准发展，同时以市场为主导实现政府与私人标准制定机构的合作规制制定模式。进一步明晰：虽然国家标准的作用固然符合中国目前情况，但是在合作规制模式下，既要强调国家的作用，也要发挥行业协会等私人主体的作用。国外经验表明私人主体的标准制定体现了科学发展、市场需要以及自我规制等特点④的指导精神。

① 高秦伟，《私人主体与食品安全标准制定——基于合作规制的法理》，载《中外法学》2012年第4期，第721页。

② 王忠敏，《标准化新论——新时期标准化工作的思考与探索》，中国标准化出版社2004年版，第70页。

③ 参见《坚定不移沿着中国特色社会主义道路前进，为全面建成小康社会而奋斗：胡锦涛在中国共产党第十八次全国代表大会上的报告》，http：//phycjy. pinghu. gov. cn/edit/UploadFile/201211822821212. doc。

④ 高秦伟，《私人主体与食品安全标准制定——基于合作规制的法理》，载《中外法学》2012年第4期，第721页。

参考文献

一、国际公约或条约

[1] General Agreements on Tariffs and Trade 1994.

[2] Sanitary and Phytasanitary Measures Agreement.

[3] Technical Barriers to Trade Agreement.

[4] Vienna Convention on the Law of Treaties.

二、官方文件

[1] First Triennial Review of the Operation and Implementation of the Agreement on Technical Barriers to Trade Under Article 15.4, Committee on Technical Barriers to Trade, G/TBT/5, 19, November, 1997.

[2] Environmental Labels and Market Access: Case Study of the Colombian Flower Growing Industry, WT/CTE/W/76, 9 March 1998.

[3] Responsibility of States for International Wrongful Acts, prepared by the International Law Commission, annexed to General Assembly resolution A/RES/56/83, 28 January 2002.

[4] Enhanced Cooperation Between the United Nations and All Relevant Partnerships, In Particular the Private Sector, Report of the Secretary-General. U. N Doc. A/60/214. 2005.

[5] Private Sector Standards and Development Country Exports of Fresh Fruit and Vegetables, Committee on Sanitary and Phytosanitary Measures, G/SPS/GEN/746, 24 January 2007.

[6] Private Standards and the SPS Agreement, Note by the Secretariat. Committee on Sanitary and Phytosanitary Measures, G/SPS/GEN/761, 26 February 2007.

[7] "Private Voluntary Standards and Developing Country Market Access: Preliminary Results", Communication from the OECD, Committee on Sanitary and Phytosanitary Measures, G/SPS/GEN/763, 27 February 2007.

[8] Private Industry Standards, Communication from Saint Vincent and the Grenadines, Committee on Sanitary and Phytosanitary Measures, G/SPS/GEN/766, 28 February 2007.

[9] Private Voluntary Standards within the WTO Multilateral Framework, Committee on Sanitary and Phytosanitary Measures, Submission by the United Kingdom, G/SPS/GEN/802 9 October 2007.

[10] Report by the Commonwealth of the Bahamas to the WTO-SPS Committee on Private Standards and the SPS Agreement: The Bahamas Experience, Committee on Sanitary and Phytosanitary Measures, G/SPS/GEN/764, 26 February 2007.

[11] Typology of Global Standards, Communications from the United Nations Conference on Trade and Development, WTO, Committee on Sanitary and Phytosanitary Measure, G/SPS/GEN/760, 26, February 2007.

[12] Private Standards, statement by Uruguay at the Meeting of 2-3 April, 2008, Committee on Sanitary and Phytosanitary Measures, G/SPS/GEN/843, 21 May 2008.

[13] Voluntary Standards, Submission by Switzerland, Committee on Sanitary and Phytosanitary Measures, G/SPS/GEN/967, 20 October 2009.

[14] Fifth Triennial Review of the Operation and Implementation of the Agreement on Technical Barriers to Trade Under Article 15. 4,

Committee on Technical Barriers to Trade, G/TBT/26, 13, November, 2009.

[15] Possible Actions for the SPS Committee Regarding Private SPS Standards, Committee on Sanitary and Phytosanitary Measures, G/SPS/W/247/Rev. 1, 5 March 2010.

[16] Report of the Ad Hoc Working Group on SPS-Related Private Standards to the SPS Committee, WTO SPS Committee, G/SPS/W/256, Geneva, 3 March 2011.

[17] Sixth Triennial Review of the Operation and Implementation of the Agreement on Technical Barriers to Trade Under Article 15.4, Committee on Technical Barriers to Trade, G/TBT/32, 29, November, 2012.

[18] WTO Secretariat, World Trade Report 2005.

[19] WTO Secretariat, World Trade Report 2012.

[20] World Bank, World Bank Report 2005.

[21] UNCTAD, World Investment Report 2013: Global Value Chains: Investment and Trade for Development.

三、案例及报告

[1] Report by the Panel on Review Pursuant to Article XVI: 5, GATT Doc. L/1160, 9th Supp. BISD 188, adopted 24 May 1960.

[2] GATT Panel Report, Canada-Measures Affecting the Sale of Gold Coins, GATT Doc. L/5863, 17 September 1985.

[3] GATT Panel Report, Japan-Restrictions on Imports of Certain Agricultural Products, GATT Doc. L/6253, 35th Supp. BISD 163, 18 November 1987.

[4] WTO Panel Report, United States-Standards of Reformulated and Conventional Gasoline, WT/DS2/AB/R, 20 May 1996.

[5] WTO Panel Report, Japan-Taxes on Alcoholic Beverages, WT/DS1/AB/R, WT/DS10/AB/R, WT/DS22/AB/4, Nov. 1, 1996.

[6] WTO Panel Report, Brazil-Measures Affecting Desiccated Coconut, WT/DS22/AB/R, 21 February 1997.

[7] GATT Panel Report, Japan-Trade in Semiconductors, GATT Doc. L/6309, 35th Supp. BISD 116, 4 May 1988.

[8] GATT Panel Report, European Economic Communities-Restrictions on Imports of Dessert Apples-Complaint by Chile, GATT Doc. L/6491, 36th Supp. BISD 93, 18 April 1989.

[9] Panel Report, Japan-Measures Affecting Consumer Photographic Film and Paper (Kodak/Fuji), WT/DS44/R, 31 March 1998.

[10] WTO Appellate Body Report, United States-Import Prohibition of Certain Shrimp and Shrimp Products, Nov. 1998, WT/DS58/AB/R.

[11] Panel Report, United States-Section 301-310 of the Trade Act of 1974, WT/DS152/R, 22 December 1999.

[12] WTO Panel Report, Korea-Measures Affecting Government Procurement, 19 Jan 2000, WT/DS163/R.

[13] Panel Report, Argentina-Measures Affecting the Export of Bovine Hides and the Imports of Finished Leather, WT/DS/155/R, 19 December 2000.

[14] Panel Report, Korea-Measures Affecting Imports of Fresh, Chilled and Frozen Beef, WT/DS161 & 169/AB/R, 11 December 2000.

[15] Panel Report, Australia-Measures Affecting Importation of Salmon-Recourse to Article 21. 5 By Canada, WT/DS18/RW, 18 February 2000.

[16] Appellate Body Report, Korea-Dairy Safeguard Measures on Imports of Certain Dairy Products, WT/DS98/AB/R, 12 January 2000.

[17] Appellate Body Report, European Communities-Trade Description of Sardines, WT/DS231/AB/R, 26 September 2002.

[18] Appellate Body Report, United States-Sunset Review of Anti-Dumping Duties on Corrosionresitant Carbon Steel Flat Products FromJapan, WT/DS244/AB/R, 15 December 2003.

[19] Appellate Body Report, European Communities, Customs Classification of Frozen Boneless Chicken Cuts, WT/DS269/AB/R, WT/DS286/AB/R, 12 September 2005.

[20] Panel Report, European Communities-Measures Affecting the Approval and Marketing of Biotech Products, WT/DS291/R, WT/DS/292/R, WT/DS/293/R, 29 December 2006.

[21] Panel Report, United States-Certain Measures Affecting Imports of Poultry from China, WT/DS392/R, 29 September 2010.

四、中文著作（含译著、编著）

[1] [英] 劳特派特．奥本海国际法．王铁崖，陈体强，译．商务印书馆，1981.

[2] [德] 哈贝马斯．交往与社会进化．张博树，译．重庆出版社，1989.

[3] [奥] 凯尔森．法与国家一般原理．沈宗灵，译．中国大百科全书出版社，1995.

[4] [德] 马克斯·韦伯．经济与社会（上册）．林荣远，译．春风意林出版社，1998.

[5] [新西兰] 迈克·穆尔．没有壁垒的世界——自由、发展、自由贸易和全球治理．商务印书馆，2002.

[6] [美] 罗伯特·基欧汉，约瑟夫·奈．权力与相互依赖．门洪华，译．北京大学出版社，2002.

[7] [美] 约翰·H. 杰克逊．GATT/WTO 法理与实践．张玉卿，等，译．新华出版社，2002.

[8] [美] 詹姆斯·多尔蒂，小罗伯特·普法尔茨格拉夫．争论中的国际关系理论（第五版）．阎学通，等，译．世界知识出版社，2003.

[9] [美] 约瑟夫·S. 奈、约翰·D. 唐纳胡. 全球化世界的治理. 王勇，等，译. 世界知识出版社，2003.
[10] [比] 约斯特·鲍威林. 国际公法规则之冲突：WTO 法与其他国际法规则如何联系. 周忠海，等，译. 法律出版社，2005.
[11] [美] 汉斯·摩根索. 肯尼思·汤普森，戴维·克林顿. 国家间政治——权力斗争与和平. 徐昕，等，译. 北京大学出版社，2006.
[12] [美] 安妮-玛丽·斯劳特. 世界新秩序. 任晓，等，译. 复旦大学出版社，2010.
[13] [美] 埃德加·博登海默. 法理学——哲学及其方法. 邓正来，姬敬武，译. 华夏出版社，1987.
[14] 梁西. 国际组织法（总论）（修订第五版）. 武汉大学出版社，2001.
[15] 王铁崖. 国际法. 法律出版社，1995.
[16] 余民才. 国际法专论. 中信出版社，2003.
[17] 祁春节. WTO 贸易技术壁垒规则详解. 湖南科学技术出版社，2005.
[18] 梁西. 国际法. 武汉大学出版社，2005.
[19] 俞可平. 全球化：全球治理. 社会科学文献出版社，2005.
[20] 刘峥颢. 标准与标准化. 中国计量出版社，2005.
[21] 李春田. 标准化概论（第四版）. 中国人民大学出版社，2005.
[22] 李广民、欧斌. 国际法. 清华大学出版社，2006.
[23] 钱宏道. 经济分析法学. 法律出版社，2003.
[24] 刘振刚. 技术创新、技术标准与经济发展. 中国标准出版社，2005.
[25] 郝鹏. 全球治理：理论与实践. 吉林出版集团有限责任公司，2010.
[26] 左海聪. 国际贸易法. 法律出版社，2004.

五、中文论文

（一）学位论文

[1] 刘衡. 国际法之治——从国际法治到全球治理. 武汉大学学位论文，2011.
[2] 李嘉. 国际贸易中的专利标准化问题及其法律规制. 华东政法大学学位论文，2012.
[3] 陈红. NGOs 与 WTO 多边贸易体制关系研究. 西南政法大学学位论文，2009.

（二）期刊论文

[1] 绗林. 动态比较优势理论及其政策选择. 内蒙古财经学院学报，1999（1）.
[2] 皮埃尔·德·塞纳克伦斯. 治理与国际调节机制的危机. 国际社会科学，1999（2）.
[3] 高德步. 法律制度变迁的经济分析. 福建论坛（人文社会科学版），2001（1）.
[4] 王彦志. 非政府组织的兴起与国际经济法的合法性危机. 法制与社会发展，2002（2）.
[5] 马玉良. 市场经济与标准化. 冶金标准化与质量，2002（5）.
[6] 刘贞. 国际政治中的全球公民社会. 欧洲，2002（5）.
[7] 李浩. 从动态比较优势理论看我国产业机构调整. 兰州学刊，2003（1）.
[8] 黄志雄. 非政府组织：国际法律秩序中的第三种力量. 法学研究，2004（4）.
[9] 郑安光. “分合论”的世界观和当代世界政治中的权威迁移——解读詹姆斯·罗西瑙的全球治理思想. 国际政治研究，2004（2）.
[10] 李帅，张晨阳，赖福建. 技术性贸易壁垒协议. 世界贸易组织动态与研究，2004（3）.

[11] 李少伟．法律观念与法律制度的功能耦合结构．美中法律评论，2005（3）．
[12] 李春萍．经验检疫标准与进出口商品质量．检验检疫科学，2005（3）．
[13] 张喜凯．浅谈标准化经济．大众标准化，2005（4）．
[14] 黄冠胜．标准化与国际贸易：世界贸易的焦点．《世界贸易报告》研讨会，2005．
[15] 陈晓芳．WTO 争端解决程序中的法律适用．理论月刊，2005（9）．
[16] 左海聪．WTO 专家组和上诉机构可适用的法律．法学评论，2005（5）．
[17] 黎昀．标准与市场．中国标准化，2006（2）．
[18] 刘琦．国际标准化发展趋势及我国标准化发展思路．陕西省经济管理干部学院学报，2006（2）．
[19] 王遐见．论以人为本的可持续发展观．社会主义研究，2006（4）．
[20] 贾金思．国际贸易中标准壁垒的表现形式．广西政法管理干部学院学报，2005（2）．
[21] 夏志红．应对壁垒善用标准．甘肃政府成人教育学院学报，2006（1）．
[22] 李汉凤．标准化与贸易技术壁垒．中国市场，2007（1）．
[23] 派特里克·瑞他．WTO：国际标准应带来它许诺的好处．WTO 经济导刊，2007（5）．
[24] 贾金思．解析国际贸易中的蓝色壁垒．商业时代，2007（18）．
[25] 李刚．论戴维·赫尔德的全球治理思想．东北大学学报（社会科学版），2008（3）．
[26] 张兰．私营标准广现国际贸易．中国质量报，2008-11-19．
[27] 戚亚梅．国际食品贸易中私营标准及其作用研究．国际经贸探索，2009（11）．
[28] 戚亚梅，白玲，郑床木．农产品国际贸易中私营标准及其影

响研究．标准科学，2010（7）．
[29] 董银果．食品国际贸易的官方标准与私营标准——兼论与SPS协议的关系．国际经贸探索，2011（5）．
[30] 林泰，赵学清．全球治理语境下的国际行政法．南京社会科学，2011（3）．
[31] 林泰，赵学清．全球化语境与行政法国际化．现代法学，2011（5）．
[32] 林泰．论国际行政法的规范构成．河北法学，2012（5）．
[33] 江国华，李鹰．行政法的全球视野——行政法学研究的新方法．环球法律评论，2011（6）．
[34] 高秦伟．私人主体与食品安全标准制定——基于合作规制的法理．中外法学，2012（4）．
[35] 林泰．论"国际行政"类型界分．河北法学，2012（11）．
[36] 陈长惠．浅谈《WTO协定》司法解释的重要性及其法律渊源．法治在线，2010（5）．
[37] 左海聪．WTO专家组和上诉机构可适用的法律．法学评论，2005（10）．
[38] 龚向前．技术性国际争端解决的"全球行政法"思路——基于WTO食品安全案例的分析．华东政法大学学报，2013（1）．
[39] 曾晖，黄志雄．"权力政治"下的"贸易法治"——对WTO法律体系的几点反思．武汉大学学报（哲学社会科学版），2013，66（3）．

六、英文著作

[1] Hayek, F. A. Individualism and Economic Order, Chicago: Chicago University Press, 1949.
[2] F. Ernest Johnson, Social Responsibilities of the Businessman, New York: Harpter & Brothers, 1953.
[3] Friedman, M. Capitalism and Freedom, Chicago: University of Chicago Press, 1962.

[4] Parsons, The System of Modern Societies, Englewood Cliffs, N. J: Prentice-Hall, 1971.
[5] Charles D. Sullivan, Standards and Standardization, Basic Principles and Applications, Marcel Dekker, Inc. 1983.
[6] Robert A. Dahl, A Preface to Economic Democracy, 1985.
[7] Posner, Economic Analysis of Law, Little Brown Company, 1986.
[8] G. Mulgan, Politics in an Antipolitical Age, Cambridge: Polity Press, 1994.
[9] David Hume. Political Writings. Hackett Publishing Company, Indianapolis, 1994.
[10] L. A. N. M. Barnhoorn & Karel Wellens (eds.), Diversity in Secondary Rules and the Unity of International Law, The Hague: Nijhoff, 1995.
[11] Michael J. Trebilcock & Robert Howse, The Regulation of International Trade, London: Routledge, 1999.
[12] R. Wilkinson, Multilateralism and World Trade Organization, Routledge Press, 2000.
[13] M. A. ECHOLS, Food Safety and the WTO - The Interplay of Culture, Science and Technology, London/The Hague/New York, Kluwer Law International, 2001.
[14] Haufler V, A Public Role for the Private Sector: Insdustry Self-Regulation in a Global Economy, Carnegie Endowment for Interantional Peace, Washington D. C, 2001.
[15] Oliver Sheldon, The philosophy of management, Routledge, 2003.
[16] Cutler, Private power and global authority: Transnational merchant law in the global political economy, 2003.
[17] Gunningham N, Kagan RA, Thornton D, Shades of Green: Business, Regulation and Environment, Standford University Press, 2003.
[18] Matsuo Matsushita, Thomas J. Schoenbaum, Petros C.

Mavroidis, The World Trade Organization, Law, Practice, and Policy, Oxford University Press, 2003.

[19] Rudiger Wolfrum & Volker Rover (eds.), Developments of International Law inTreaty-making, Berlin: Springer, 2005.

[20] Graeme, A. Hodge & Carsten Greve (eds), The challenge of Public-Private Partnership: Learning From International Experience, Edward Elgar Publishing, 2005.

[21] Hay BL, Stavins RN, Victor RHK, eds, Environmental Protection and the Social Responsibility of Firms: Perspectives from Laws, Economics, and Business. Resourses for the Future, Washington, D. C., 2005.

[22] Braithwaite, Regulatory Capitalism, 2008.

[23] Bull Benedicte, Development issues in global governance: public-private partnerships and market multilateralism, NY: Routledge, 2007.

[24] J Scott, The WTO Agreement on Sanitary and Phytosanitary Measures: A Commentary, Oxford: Oxford University Press, 2007.

[25] Denise Prevost, Balancing Trade and Health in the SPS Agreement: The Development Dimension, Wolf Legal Publishers, Nijmegen, 2009.

[26] Jacques Lenoble and Marc Maesschalck, Democracy, Law and Governance, Farnham: Ashgate, 2010.

[27] Denise Prevost, Balancing Trade and Health in the SPS Agreement: The Development Dimension, Wolf Legal Publishers, Nijmegen, 2010.

[28] J. I. Charney, Is International Law Threatened by Multiple International Tribunals? 271 Recueil des Cours 101 (1998).

[29] Jan Klabbers, The Concept of Treaty in International Law, The Hague, 1996.

七、英文论文

[1] Baumhart, R. C., How Ethical are Businessman? Harvard Business Review, 39 (4), 1961.

[2] Alexander P. D' entreves, Legality and Legitimacy, The Review of Metaphysics, Vol. 16, No. 4, 1963.

[3] Donham, W. B. The Social Significance of Business, Harvard Business Review, 4 (4) . 1970.

[4] Keohane, R. and Nye, J. Introduction, in R. Keohane and J. Nye (eds), Transnational Relations and World Politics, Cambridge, MA: Harvard University Press, 1970.

[5] Max Weber, Economy and Society: An Outline of Interpretive Sociology, in Guenther Roth and Claus Wittich (eds), Berkeley: University of California Press, 1978.

[6] G. Teubner, Substantive and Reflexive Elements in Modern Law, 17 Law & Society Review 239, 1983.

[7] Prosper Weil, Towards Relative Normativity in International Law? American Journal of International Law, 1983.

[8] Almond, G, The Return of the State, American Political Science Review 82, 1988.

[9] J. Cameron & J. Robinson, The Use of Trade Provisions in International Environmental Agreements and the Compatibility with GATT, Year Book of International Economic Law, Vol. 2, 1991.

[10] Reisman, W. Michael. The Concept and Functions of Soft Law in International Politics, in Essays in Honour of Judge Taslim Olawale Elias, Volume I Contemporary, Emmanuel G., & Bello, & Prince Bola A. Ajibola, eds, Martinus Nijhoff, 1992.

[11] D. MILIBAND, The New Politics of Economics, in C. CROUCH and D. MARQUAND (eds.), Ethics and Markets, Co-operation and Competition within Capitalist Economies, Oxford, Blackwell Publishers, 1993.

[12] James R, Holbein, Gary Carpentier, Trade Agreements and Dispute Settlements Mechanisms in the Western Hemisphere, Case Western Reserve Journal of International Law. 1993.

[13] Charnovitz, S. The World Trade Organization and Social Issues, Journal of World Trade 28, 1994.

[14] Weber, M, The Profession and Vocation of Politics, in P. Lassman and R. Speirs, eds, Political Writings, Cambridge: Cambridge University Press, 1994.

[15] John Mearsheimer, The False Promise of International Institutions, 19 International Security 5, 1994/1995.

[16] Andersen, S. S & Burns, T. R. The European Union and the Erosion of Parliamentary Democracy: A Study of Post-parliamentary Governance, in S. S. Andersen & K. J. Eliassen (eds), The European Union: How Democratic Is It? London: Sage, 1996.

[17] Ermst, B. Hass, International Integration: The European and the Universal Process, International Organization, Autumn, 1996.

[18] E. U. Petersmann, International Competition Rules for Governments and for Private Business: The Case for Linking Future WTO Negotiations on Investment, Competition and Environmental Rules to Reform of Antidumping Laws, Journal of World Trade, Vol. 20, 3, 1996.

[19] Jan Klabbers, The Redundancy of Soft Law, 65 Nordic Journal of International Law, 1996.

[20] Leebron, Lying down with Procusters: an analysis of harmonization claims, in Baghwati and Hudec (eds), Economic analysis of fair trade and harmonization, 1996.

[21] Steve Charnovitz, The World Trade Organization, Meat Hormones and Food Safety, 14 International Law Trade Reporter, 1997.

[22] David Hurst, Hormones: European Communities-Measures Affecting Meat and Meat Products, 9 European Journal of

International Law, 1998.
[23] D. Palmeter and P. C. Mavroidis, The WTO Legal System: Sources of Law, 92 American Journal of International Law, 1998.
[24] David Wirth, European Communities-Measures Affecting Meat and Meat Products, International Decisions, American Journal of International Law, 1998.
[25] Elster, J, Introduction, in J. Elster (ed.) Deliverative Democracy, Cambridge University Press, 1998.
[26] Hiranya Fermando Senadhira, Appellate Body Report of the Beef Hormones Cases: A Brief Legal Analysis, 2 Bridges, 1998.
[27] Jan Klabbers, The Undesirability of Soft Law, 67 Nordic Journal of International Law, 1998.
[28] Joost Pauwelyn, The WTO Agreement on Sanitary and Phytosanitary (SPS) Measures As Applied in the First Three SPS Disputes, EC-Hormones, Australia-Salmon and Japan-Varietals, Journal of International Economic Law, 1999.
[29] L. D. Guruswamy, Should UNLOS or GATT/WTO Decide Trade and Environment Disputes? 7Minnesota Journal of Global Trade, 287, 1998.
[30] Steve Charnovitz, Environment and Health Under WTO Dispute Settlement, The International Lawyer, 1998.
[31] T. Schoenbaum, WTO Dispute Settlement: Praises and Suggestions for Reform, 47 International and Comparative Law Quarterly, 1998.
[32] Daniel Bodansky, The Legitimacy of International Governance: A Coming Challenge for International Environmental Law, 93 American Journal of International Law 596, 1999.
[33] G. Marceau, A Call for Coherence in International Law: Praises for the Prohibition Against "Clinical Isolation" in WTO Dispute Settlement, 33 Journal of World Trade. 5 (1999).
[34] Howse, R. The House That Jackson Built: Restructuring the

GATT System, Michigan Law Review 20, 1999.

[35] Joel P. Trachtman, The Domain of WTO Dispute Resolution, Harvard International Law Review, Vol. 40, 1999.

[36] Robert Dahl, "Can International Organizations Be Democratic? A Skeptic's View", in Ian Shapiro and Casinano Hacker-Cordon, Democracy's Edges, Cambridge: Cambridge University Press, 1999.

[37] Stokes, B. and P. Choate, Democratizing US Trade Policy, New York: Council on Foreign Relations, Bodansky, D. The Legitimacy of International Governance: A Coming Challenge for International Environmental Law, American Journal of International Law 93, 1999.

[38] Trachtman, The Domain of WTO Dispute Resolution, 40 (2) Harvard International Law Journal 333 (1999).

[39] Abbott, Kenneth W., & Duncan Snidal, Hard and Soft Law in International Governance, 2000, 54 International Organization.

[40] Bellarmy, R. and Castiglione, D, The Uses of Democarcy, in E. O. Eriksen & J. E. Fossum (eds) Democracy and the European Union, Routledge, 2000.

[41] B. Karkkainen, A. Fung and C. F. Sabel, After Backyard Environmentalism. Towards a Performance-Based Regime of Environmental Regulation, 44 American Behavioral Scientist 692, 2000.

[42] Donald McRae, The WTO in International Law: Tradition Continued or New Frontier, 33 Journal of International Economic Law, 27, 2000.

[43] Howlett M, Managing the "Hollow State": Procedural Policy Instruments and Mordern Governance, Canadian Public Administration 43, 2000.

[44] J. Van Tatenhove, B. Arts and P. Leroy, Political Modernisation, in J. Van Tatenhove et al., (eds.), Political Modernisation and

the Environment: The Renewal of Environmental Policy Arrangements, Dordrecht, Kluwer Academic Publishers, 2000.

[45] John H. Jackson, Comments on Shrimp/Turtle and the Product/Process Distinction, 11 (2) European Journal of International Law 303, 2000.

[46] Robert Howse and Donald Reagan, The Products/Process Distinction: An Illusionary Basis for Disciplining "Unilateralism" in International Law, 11 (2) European Journal of International Law 249, 2000.

[47] Robert E. Hudec, The Product-Process Doctrine in GATT/WTO Jurisprudence, in Marco Bronckers et al. (eds), New Directions in International Economic Law: Essays in Honour of John H. Jackson, The Hague, Netherlands: Kluwer Law International, 2000.

[48] Carmen Otero Garcia-Castrillon, Private Parties under the Present WTO (Bilateralist) Competition Regime, 35 Journal of World Trade 1, February 2001.

[49] Gabrielle Marceau, Conflicts of Norms and Conflicts of Jurisdictions: The Relationship between the WTO Agreement and MEAS and other Treaties, Journal of World Trade, Vol. 35, 2001.

[50] Joost Pauwelyn, The Role of Public International Law in the WTO: How Far Can We Go?, American Journal of International Law, Vol. 95, No. 3, July 2001.

[51] John H. Jackson, The WTO "Constitution" and Proposed Reforms, Journal of International Economic Law 7, 2001.

[52] Keohane, R. O, J. S. Nye, Jr, The Club Model of Multinational Cooperation and Problems of Democratic Legitimacy, in Roger Porter et al, eds, Efficiency Equity and Legitimacy: The Multilateral Trading System at the Millennium, Washington DC: Brookings Institution Press, 2001.

[53] Lorand Bartels, Applicable Law in WTO Dispute Settlement Proceedings, Journal of World Trade 35 (3) 2001.

[54] Robert Howse, The Legitimacy of the World Trade Organization, in Jean-Marc Coicaud and Veijo Heiskanen, eds, The Legitimacy of International Organizaitons, The United Nations University Press, 2001.

[55] Shaffer, G. C, The World Trade Organization Under Challenge: Democracy and the Law and Politics of the WTO's Treatment of Trade and Environmental Matters, Harvard Environmental Law Review 25, 2001.

[56] Weinstein, M. M. and S. Charnovitz, The Greening of the WTO, Foreign Affairs 80, 2001.

[57] Carlos Lopez-Hurtado, Social Labelling and WTO Law, Journal of International Economic Law, 2002.

[58] Daniel C. Esty, The World Trade Organization's Legitimacy Crisis, World Trade Review 1, 2002.

[59] Gabrielle Marceau, Joel P. Trachtman, The Technical Barriers to Trade Agreement, the Sanitary and Phytosanitary Measures Agreement and the General Agreement on Tariffs and Trade, 36 (5) Journal of World Trade 811, 2002.

[60] James Rosenau, Governance in a New Global Order, in David Held and Authony McGrew (eds), Governing Globalization-Power, Authority and Global Governance, Cambridge: Polity Press, 2002.

[61] Majone, G, Delegation of Regulatory Powers in a Mixed Polity, Journal of Common Market Studies, 2002.

[62] Ronnie Lipschutz & Cathleen Vogel, Regulation for the Rest of Us?, Global Civil Society and the Privatization of Transnational Regulation, in R. R. Hall & T. J. Bierstaker, The Emergence of Private Authority in Global Governance, Cambridge: Cambridge University Press, 2002.

[63] Doornbos, M, Good Governance, The Metamorphosis of a Policy Metaphor, Journal of Internatonal Affairs, 57, 2003.

[64] P. Drahos, When the Weak Bargain with the Strong: Negotiations in the World Trade Organization, International Negotiations. 2003 (8).

[65] Andreas Fisher-Lescano & Gunther Teubner, "Regime-Collisions: The Vain Search for Legal Unity in the Fragmentation of Global Law", Michgan Journal of International Law, Vol 25, 2004.

[66] Andrew Guzman, Global Governance and the WTO, 45 (2) Harvard International Law Journal, 2004.

[67] Benjamin Cashore, Legitimacy and the Privatization of Environmental Governance: How Non-State Market-Driven (NSMD) Governance Systems Gain Rule-Making Authority, 15 (4), Governance, 2004.

[68] Jaffee Steve & Spencer Henson, Standards and Agrifood Exports from Developing Countries: Rebalancing the Debate, Volume 3348 of Policy Research Working Papers, World Bank, 2004.

[69] O'brien, Tim and Alejandra Diaz Rodriguez, Improving Competitiveness and Market Access for Agrifood Exports through the Development and Application of Food Safety and Quality Standards: The Example of Peruvian Asparagus, InterAmerican Institute for Cooperation in Agriculture, 2004.

[70] Ruggie JG, Reconstituting the Global Public Domain-Issues, Actors and Practices, European Journal of Internatioanl Relations 10, 2004.

[71] Rosenau JN, Governance in the Twenty-first Centry, Global Governance, 1.

[72] Benedict Kingsbury, Nico Krisch and Richard Stewart, "The Emergence of Global Administrative Law", 68 Law and Contemporary Problems 15 (2005).

[73] B. S. Chimni, Co-Option and Resistance: Two Faces of Global

Administrative Law, New York University Journal of International Law and Politics, Vol. 37, No. 4, 2005.
[74] Benedict Kingsbury, Nico Krish, Richard B. Stewart & Jonathan Weiner, Forward: Global Governance as Administration: National and Transnational Approaches to Global Administrative Law, Law and Contemporary Problems, Vol. 68, No. 3-4, 2005.
[75] David Dyzenhaus, The Rule of (Administrative) Law in International Law, Law and Contemporary Problems, Vol. 68, No. 3-4, 2005.
[76] Eyal Benvenist, The Interplay between Actors as a Determinant of the Evolution of Administrative Law in International Institutions, Law and Contemporary Problems, Vol. 68, No. 3-4, 2005.
[77] Frederick Rawski, World Bank Community-Driven Development Programming in Indonesia and East Timor: Implications for the Study of Global Administrative Law, New York University Journal of International Law and Politics, Vol. 37, No. 4, 2005.
[78] Joshua Cohen & Charles F. Sabel, Global Democracy?, New York University Journal of International Law and Politics, Vol. 37, No. 4, 2005.
[79] Janet Mclean, Divergent Legal Conceptions of the State: Implications for Global Administrative Law, Law and Contemporary Problems, Vol. 68, No. 3-4, 2005.
[80] James Salzman, Decentralized Administrative Law in the Organization for Economic Cooperation and Development, Law and Contemporary Problems, Vol. 68, No. 3-4, 2005.
[81] J. McDonald, Domestic Regulation, International Standards, and Technical Barriers to Trade, World Trade Review, 4 2005, No. 2.
[82] Kalypso Nicolaidas & Gregory Schaffer, Transnational Mutual Recognition Regimes: Governance without Global Government, Law and Contemporary Problems, Vol. 68, No. 3-4, 2005.
[83] Levi-Faur and Jordana, The rise of regulatory capitalism: The

global diffusion of a new order, The Annals of the American Academy of Political and Social Sciences, 2005.

[84] Martin Shapiro, "Deliberative", "Independent" Technocracy v. Democratic Politics: Will the Globe Echo the E. U.? Law and Contemporary Problems, Vol. 68, No. 3-4, 2005.

[85] Mark Pallis, The Operations of UNHCR's Accountability Mechanisms, New York University Journal of International Law and Politics, Vol. 37, No. 4, 2005.

[86] M. Miggi Akech, Development Partners and Governance of Public Procurement inKenya: Enhancing Democracy in the Administration of Aid, New York University Journal of International Law and Politics, Vol. 37, No. 4, 2005.

[87] Richard B. Stewart, The Global Regulatory Challenges to U. S. Administrative Law, New York University Journal of International Law and Politics, Vol. 37, No. 4, 2005.

[88] Rudolf Dolzer, The Impact of International Investment Treaties on Domestic Administrative Law, New York University Journal of International Law and Politics, Vol. 37, No. 4, 2005.

[89] Richard B. Steward, U. S. Administrative Law: A Model for Global Administrative Law? Law and Contemporary Problems, Vol. 68, No. 3-4, 2005.

[90] Sabino Cassese, Administrative Law Without the State? The Challenge of Global Regulation, New York University Journal of International Law and Politics, Vol. 37, No. 4, 2005.

[91] Sabino Cassese, The Globalization of Law, New York University Journal of International Law and Politics, Vol. 37, No. 4, 2005.

[92] Sabino Cassese, Global Standards for National Administrative Procedure, Law and Contemporary Problems, Vol. 68, No. 3-4, 2005.

[93] Susan Marks, Naming Global Administrative Law, New York University Journal of International Law and Politics, Vol. 37,

No. 4, 2005.
[94] Tanja A. Borzel and Thomas Risse, Public-Private Partnerships: Effective and Legitimate Tools of International Governance? In Edgar Grande & Louis W. Pauly (eds), Complex Sovereignty: On the Reconstitution of Political Authority in the 21st Century, University of Toronto Press, 2005.
[95] Walter Mattli & Tim Buthe, Global Private Governance: Lessons from a National Model of Setting Standards in Accounting, Law and Contemporary Problems, Vol. 68, No. 3-4, 2005.
[96] Allen Buchanan and Robert O. Keohane, "The Legitimacy of Global Governance Institutions", 20 Ethics and International Affairs, 405, 2006.
[97] B. Guy Peters & Jon Pierre, Governance, Accountability and Democratic Legitimacy, in Benz and Yannis Papadopoulos (eds), Governance and Democracy: Comparing National, European and International Experiences, London: Routledge, 2006.
[98] David Held, "Cosmopolitanism: Ideas, Realities and Deficits", in Held and McGrew (eds), Public Accountability-Designs, Dilemmas and Experiences, Cambridge: Cambridge University Press, 2006.
[99] Errol Meidinger, The Administrative Law of Global Private-Public Regulation: the Case of Forestry, European Journal of International Law, Vol. 17, No. 1, 2006.
[100] Gus Van Harten, Martin Loughlin, Investment Treaty Arbitration as a Species of Global Administrative Law, European Journal of International Law, Vol. 17, No. 1, 2006.
[101] Jerry Mashaw, Accountability and Institutional Design: Some Thoughts on the Grammar of Governance, in Dowdle (eds), Public Accountability-Designs, Dilemmas and Experiences, Cambridge: Cambridge University Press, 2006.

[102] Michael S. Barr, Geoffrey P. Miller, Global Administrative Law: The View from Basel, European Journal of International Law, Vol. 17, No. 1, 2006.

[103] Nicho Krish, Benedict Kingsbury, Introduction: Global Governance and Global Administrative Law in the International Legal Order, European Journal of International Law, Vol. 17, No. 1, 2006.

[104] Terry Macdonald & Kate Macdonald, Non-Electoral Accountability in Global Politics: Strengthening Democratic Control within the Global Garment Industry, European Journal of International Law, Vol. 17, No. 1, 2006.

[105] Robert Keohane,"Global Governance and Democratic Accountability", in David Held and Mathias Koenig-Archibugi (eds), Taming Globalization-Frontiers of Governance, Cambridge: Polity Press, 2006.

[106] Thomas Risse, Transnational Governance and Legitimacy, in Arthur Benz and Yannis Papadopoulos, (eds), Governance and Democracy: Comparing National, European and International Experiences, London: Routlege, 2006.

[107] Jerry Mashaw, "Accountability and Institutional Design: Some Thoughts on the Grammar of Governance", in Dowdle (eds), Public Accountability-Designs, Dilemmas and Experiences, Cambridge: Cambridge University Press, 2006.

[108] L Sigismondi, Voluntary Product Standards in Globalized Markets: An Analysis of the US, EC and Swiss Antitrust Approaches Towards Private Standardization in a WTO Perspertive, PhD Thesis Universite de Neuchatel 2006.

[109] Meidinger, The Administrative Law of Global Private-Public Regulation: the Case of Forestry, 17 European Journal of International Law, 2006: 47.

[110] Donal Casey, Private Food Safety and Quality Standards and the

WTO, 7 University College Dublin Law Review 65, 2007.
[111] Errol Meidinger, Beyond Westphalia: Competitive Legalization in Emerging Transnational Regulatory, in Christian Brutsch and Dirk Lehmkuhl (eds), Law and Legalization in Transnational Relations, Oxford and New York: Routledge, 2007.
[112] Samir R. Gandhi, Voluntary Environmental Standards: The Interplay Between Private Initiatives, Trade Rules And the Global Decision-Making Process, presented at the 3rd Global Administrative Law Seminar, Viterbo, June 15-16, 2007.
[113] Anna Lanoszka, The Promises of Multilateralism and the Hazards of "Single Undertaking": The Breakdown of Decision Making Within the WTO, Michigan State Journal of International Law, 2008 (3).
[114] David Vogel, Private Global Business Regulation, 11 Annual Review of Political Science, 2008.
[115] Denise Prevost, Private Setor Food-safety Standards and the SPS Agreement: Challenges and Possibilities, African Yearbook of Internatioanl Law 1, 2008.
[116] Jan-Aart Scholte, "Reconstructing Contemporary Democracy", 15 Indiana Journal of Global Legal Studies, 2008.
[117] S. Bernstein & E. Hannah, Non-State Global Standard Setting and the WTO: Legitimacy and the Need for Regulatory Space, 11 Journal of International Economic Law, 575, 2008.
[118] S. Bernstein & E. Hannah, Non-State Global Standard Setting and the WTO: Legitimacy and the Need for Regulatory Space, 11 Journal of International Economic Law, 575, 2008.
[119] Steven Bernstein, Legitimacy in Intergovernmental and Non-state Global Governance, Review of International Political Economy.
[120] Steven Bernstein, Benjamin Cashore, Can Non-State Global Governance be Legitimate? A Theoretical Framework, Regulation and Governance.

[121] Von Bogdandy, Dann and Goldmann, Developing the publicness of public international law: towards a legal framework for global governance activity, 9 German Law Journal 2008.

[122] Abbott and Snidal, Governance triangle in Mattli and Woods (eds.), The politics of global regulation, 2009.

[123] Casini, Lorenzo, Global Hybrid Public-Private Bodies: The World Anti-Doping Agency, International Organization Law Review, Vol. 6, No. 2, 2009.

[124] Pauwelyn Joost & Berman Ayelet, Emergency Action by the WTO Director-General: Global Administrative Law and the WTO's Initial Response to the 2008-2009 Financial Crisis, International Organization Law Review, Vol. 6, No. 2, 2009.

[125] Marceau, Gabrielle & Illy, Ousseni, International Organization Law Review, Vol. 6, No. 2, 2009.

[126] Martha, Rutsel Silvestre J, Mandate Issues in the Activities of the International Fund for Agricultural Development, International Organization Law Review, Vol. 6, No. 2, 2009.

[127] Aziz, Davinia Abdul, Privileges and Immunities of Global Public-Private Partnerships: A Case Study of the Global Fund to Fight AIDS, Tuberculosis and Malaria, International Organization Law Review, Vol. 6, No. 2, 2009.

[128] David A. Wirth, The International Organization for Standardization: Private Voluntary Standards as Swords and Shields, 36Boston College Environmental Affairs Law Review, 2009.

[129] Casini Lorenzo & Kingsbury Benedict, Global Administrative Law Dimensions of International Organizations Law, International Organization Law Review, Vol. 6, No. 2, 2009.

[130] Burci Gian Luca, Public/Private Partnerships in the Public Health Sector, International Organization Law Review, Vol. 6, No. 2, 2009.

[131] David A. Wirth, The International Organization for Standardization:

Private Voluntary Standards as Swords and Shields, Boston College Environmental Affairs Law Review, 2009.

[132] Jasper Stein, The Legal Status of Eco-Labels and Product and Process Methods in the World Trade Organization, American Journal of Economics and Business Administration 1 (4): 2009.

[133] Andrew Moravcsik, In Defence of the Democratic Deficit: Reassessing Legitimacy in the European Union, 40 Journal of Common Market Studies.

[134] Andrew T. Guzman and Timothy L. Meyer, International Soft Law, Journal of Legal Analysis, 2010, Vol. 2, No. 1.

[135] Sylvia Ostry, The World Trade Organization: System Under Stress, in Steven Bernstein and William D. Coleman (eds), Unsettled Legitimacy: Political Community, Power, and Authority in a Global Era, University of British Columbia Press.

[136] Tomasz Wtostowski, Selected Observations on Regulation of Private Standards by the WTO, Polish Yearbook of International Law, 2010.

[137] Thomas Heckelei, Introduction to the Special Issue of the World Trade Review on "Standards and Non-tariff Barriers in Trade", World Trade Review, 2012, 11: 3.

[138] Ian Sheldon, North-South Trade and Standards: What Can General Equilibrium Analysis Tell Us? World Trade Review, 2012, 11: 3.

[139] Du, Michael M, Reducing Product Standards Heterogeneity through International Standards in the WTO: How Far Across the River?, Journal of World Trade 44, No. 2, 2010.

[140] Johan Swinnen & Thijs Vandemoortele, Trade and the Political Economy of Standards, World Trade Review, 2012, 11: 3.

[141] Jan Wouters and Dylan Geraets, Private Food Standards and the World Trade Organization: Some Legal Considerations, Trade Review, 2012, 11: 3.

[142] Johan Swinnen & Thijs Vandemoortele, Trade and the Political Economy of Standards, World Trade Review, 2012, 11: 3.

[143] Porter, Compromises of Embedded Knowledges: Standards, Codes and Technical Authority in Global Governance, in Stevern Bernstein, Pauly L W eds, Global Liberalism and Political Order: Toward a New Grand Compromise?, Suny Press.

[144] Anne Tallontire, CSR and Regulation: Towards a Framework for Understanding Private Standards Initiatives in the Agri-Food Chain, Third World Quarterly, 28: 4.

[145] Arkady Kudryavtsev, Private Standardization and Interantional Trade in Goods: Any WTO Law Implications for Domestic Regulation? Paper presented at the Soceity of International Economic Law Third Biennial Global Conference. 2012.

[146] Marijke Smit, Food Safety Private Standards and Their Implications For International Trade: A Response Under The SPS Agreement, Paper Presented at the 2012 American Society of Internatinal Law International Economic Law Interest Group Beninial Conference, Washtington. D. C. 2012.

[147] Peter Hulsroj, Three Sources-No River, A Hard Look at the Sources of Public International Law with Particular Emphasis on Customs and General Principles of Law, 54 Zeitschrift fur Offentliches Recht, 2006.

[148] Donald McRae, The Contribution of International Trade Law to the Development of International Law 26, 2007.

[149] Joel Trachtman, Addressing Regulatory Divergence Through International Standards, in A. Matoo & P. Sauve eds, Domestic Regulation and Service Trade Liberalization, World Bank Oxford University Press, 2006.

[150] Peter Lloyd, When should new areas of rules be added to the WTO?, World Trade Review 4, 2008.

八、其他报告及工作论文

[1] C. F. Sabel, A. Fung and D. O' rourke, Ratcheting Labor Standard Regulation for Continuous Improvement in the Global Workplace, Washington. World Bank, 2000.

[2] Grace Chia-Hui Lee, Private Food Standards and their Impacts on Developing Countries, Working Paper submitted to European Commission DG Trade Unit, 2006.

[3] Spencer Henson, The Role of Public and Private Standards in Regulating International Food Markets, papers presented at the IATRC Summer Symposium Food Regulation and Trade: Institutional Framework: Concepts of Analysis and Empirical Evidence May 2006.

[4] Pascal Liu, Private standards in international trade: issues and opportunities, Contribution to Workshop on Environment-Related Private Standards, Certification and Labelling Requirements, WTO, Geneva, July 9, 2009.

[5] Spencer Henson, John Humphrey, The Impacts of Private Food Safety Standards on the Food Chain and on Public Standard-Setting Processes, Codex thirty-second session, FAO, WHO, Codex Alimentarius Commission, Rome, May 2009.

[6] Fabrizio Cafaggi, New Foundations of Transnational Private Regulation, EUI Working Paper RSCAS 2010/53, 2010.

[7] Fabrizio Cafaggi, Private Regulation, Supply Chain and Contractual Networks: The Case of Food Safety, EUI Working Paper RSCAS 2010/10.

[8] Codex Alimentarius Commission, Report of The Evaluation of The Codex Alimentarius And Other FAO and WHO Food Standard Work, 2002.

[9] Jurgen Friedrich, Environment, Private Standard-Setting, Max Planck Encyclopedia of Public International Law.

[10] Kenneth W Abbott, Public Private Partnership, Max Planck Encyclopedia of Public International Law.

[11] International Law Commission, Fragmentation of International Law: Difficulties Arising from the Diversification and Expansion of International Law, Report of the Study Group of International Law Commission Finalized by Martti Koskenniemi, UN. Doc. A/CN. 4/L. 682.

[12] Daniel Thurer, Soft Law, in R. Wolfrum (eds.), The Max Planck Encyclopedia of Public International Law, online edition, [www. Mpepil. com], Max Planck Institute for Comparative Public Law and International Law and Oxford University Press, 2011.